3 Länder
Rad & Bike Arena

Vinschgau – Südtirol
Engadin – Val Müstair
Nauders – Reschenpass

Ein original *bikeline*-Radtourenbuch

Esterbauer

bikeline®-Radtourenbuch 3 Länder Rad & Bike Arena
© 2005, **Verlag Esterbauer GmbH**
A-3751 Rodingersdorf, Hauptstr. 31
Tel.: ++43/2983/28982-0, Fax: -500
E-Mail: bikeline@esterbauer.com
www.esterbauer.com

1. Auflage, 2005

ISBN 3-85000-167-9

Bitte geben Sie bei jeder Korrespondenz die Auflage und die ISBN an!

Erstellt in Zusammenarbeit mit:

DD/ Dieter Deller, Nachhaltige touristische Projektentwicklungen,
A-5020 Salzburg, Robert Preussler Str. 1, dd@s-d.co.at

Dank an alle, die uns bei der Erstellung dieses Buches tatkräftig unterstützt haben.
Das *bikeline*-Team: Birgit Albrecht, Heidi Authried, Beatrix Bauer, Grischa Begaß, Karin Brunner, Anita Daffert, Michaela Derferd, Nadine Dittmann, Sandra Eisner, Roland Esterbauer, Angela Frischauf, Maria Galbruner, Jutta Gröschel, Dagmar Güldenpfennig, Carmen Hager, Karl Heinzel, Valeska Henze, Veronika Loidolt, Niki Nowak, Maria Pfaunz, Andreas Prinz, Jenny Reisinger, Petra Riss, Stefan Schmelz, Martha Siegl, Gaby Sipöcz, Matthias Thal.
Bildnachweis: Archiv: 16; Birgit Albrecht: 17, 18, 20, 22, 22, 24, 24, 26, 26, 28, 30, 30, 31, 32, 32, 34, 36, 46, 48, 50, 62, 82; Matthias Thal: 68, 94, 96, 96, 100, 102, 102; Scuol Tourismus: 40, 42, 52, 54; Tourismusverband Nauders: 64; Umschlag: Tourismusverband Vinschgau
bikeline® und *cycline*® sind eingetragene Warenzeichen; Einband patentrechtlich geschützt.
Alle Angaben gründlich recherchiert, trotzdem ohne Gewähr. Alle Rechte vorbehalten. Kein Teil dieses Buches darf in irgendeiner Form ohne schriftliche Genehmigung des Verlages reproduziert oder unter Verwendung elektronischer Systeme verarbeitet, vervielfältigt oder verbreitet werden.

Dieses Buch wird empfohlen von:

Was ist bikeline?

Wir sind ein junges Team von aktiven Radfahrerinnen und Radfahrern, die 1987 begonnen haben, Radkarten und Radbücher zu produzieren. Heute tun wir dies als Verlag mit großem Erfolg. Mittlerweile gibt's bikeline© und cycline© Bücher in fünf Sprachen und in vielen Ländern Europas.

Um unsere Bücher immer auf dem letzten Stand zu halten, brauchen wir auch Ihre Hilfe. Schreiben Sie uns, wenn Sie Fehler oder Änderungen entdeckt haben. Oder teilen Sie uns einfach die Erfahrungen und Eindrücke von Ihrer Radtour mit.

Wir freuen uns auf Ihren Brief,

Ihre bikeline-Redaktion

Vorwort

Dieses Radtourenbuch führt Sie durch die österreichische, schweizer und italienische (südtiroler) Gebirgswelt. Bei Ihren Touren im Engadin, Val Müstair, Vinschgau und am Reschenpass/Nauders erleben Sie das atemberaubende, imposante Alpenpanorama mit den blitzblauen Gebirgsseen und den teils einsamen und unberührten Naturlandschaften sowie den idyllischen Plätzen an Flüssen und in Wäldern. Aber auch die romantischen Dörfer und Städte mit ihren typischen, verträumten Häusern, an Berghängen gelegen, sollten Ihnen einen Besuch wert sein.

Präzise Karten, genaue Streckenbeschreibungen, zahlreiche Stadt- und Ortspläne, Hinweise auf das kulturelle und touristische Angebot der Region und ein umfangreiches Übernachtungsverzeichnis – in diesem Buch finden Sie alles, was Sie zu einer Radtour in der „3 Länder Rad & Bike Arena" brauchen – außer gutem Radlwetter, das können wir Ihnen nur wünschen.

Kartenlegende (map legend)

Die Farbe bezeichnet die Art des Weges:
(The following colour coding is used:)

- **Hauptroute** (main cycle route)
- **Radweg / autofreie Hauptroute** (cycle path / main cycle route without motor traffic)
- **Ausflug oder Variante** (excursion or alternative route)
- **Radweg in Planung** (planned cycle path)

Strichlierte Linien zeigen den Belag an:
(The surface is indicated by broken lines:)

- **asphaltierte Strecke** (paved road)
- **nicht asphaltierte Strecke** (unpaved road)
- **schlecht befahrbare Strecke** (bad surface)

Punktierte Linien weisen auf KFZ-Verkehr hin:
(Routes with vehicular traffic are indicated by dotted lines:)

- **Radroute auf mäßig befahrener Straße** (cycle route with moderate motor traffic)
- **Radroute auf stark befahrener Straße** (cycle route with heavy motor traffic)
- **Radfahrstreifen** (cycle lane)
- **stark befahrene Straße** (road with heavy motor traffic)

- **starke Steigung** (steep gradient, uphill)
- **leichte bis mittlere Steigung** (light gradient)
- **Entfernung in Kilometern** (distance in km)
- **Routenverlauf** (cycle route direction)

Maßstab 1 : 75.000
1 cm ≙ 750 m   1 km ≙ 13,3 mm

0 1 2 3 4 5 6 7 8 9 10 11 12 13 14 15 km

Schönern sehenswertes Ortsbild (picturesque town)

( ) Einrichtung im Ort vorhanden (facilities available)

Hotel, Pension; Jugendherberge (hotel, guesthouse; youth hostel)

Campingplatz; Naturlagerplatz (camping site; simple tent site)

Tourist-Information; Einkaufsmöglichkeit (tourist information; shopping facilities)

Gasthaus; Rastplatz; Kiosk (restaurant, resting place, kiosk)

Freibad; Hallenbad (outdoor swimming pool; indoor swimming pool)

sehenswerte Gebäude (buildings of interest)

Mühle andere Sehenswürdigkeit (other place of interest)

Museum; Theater; Ausgrabungen (museum; theatre; excavation)

Tierpark; Naturpark (zoo; nature reserve)

Aussichtspunkt (panoramic view)

Schiffsanleger, Fähre (boat landing; ferry)

Werkstatt; Fahrradvermietung (bike workshop; bike rental)

überdachter ~; abschließbarer Abstellplatz (covered ~; lockable bike stands)

Kirche; Kapelle; Kloster (church; chapel; monastery)

Schloss; Burg; Ruine (castle; ruins)

Turm; Funkanlage (tower; TV/radio tower)

Kraftwerk; Umspannwerk (power station; transformer)

Windmühle; Windkraftanlage (windmill; windturbine)

Wegkreuz; Gipfel (wayside cross; peak)

Bergwerk; Leuchtturm (mine; lighthouse)

Denkmal (monument)

Sportplatz (sports field)

Flughafen (airport, airfield)

Quelle; Kläranlage (natural spring; purification plant)

Gefahrenstelle; Text beachten (dangerous section; read text carefully)

Treppen; Engstelle (stairs; narrow pass, bottleneck)

X X X Rad fahren verboten (road closed to cyclists)

In Ortsplänen: (in city maps:)

Parkplatz; Parkhaus (parking lot; garage)

Post; Apotheke; Krankenhaus (post office; pharmacy; hospital)

Feuerwehr; Polizei (fire-brigade; police)

	Staatsgrenze	(international border)
	Grenzübergang	(border checkpoint)
	Landesgrenze	(country border)
	Wald	(forest)
	Felsen	(rock, cliff)
	Vernässung	(marshy ground)
	Weingarten	(vineyard)
	Friedhof	(cemetary)
	Watt	(shallows)
	Dünen	(dunes)
	Wiesen, Weiden	(meadows)
	Damm, Deich	(embankment, dyke)
	Staumauer, Buhne	(dam, groyne, breakwater)
	Schnellverkehrsstraße	(motorway)
	Hauptstraße	(main road)
	Nebenstraße	(minor road)
	Fahrweg	(carriageway)
	Fußweg	(footpath)
	Straße in Bau	(road under construction)
	Eisenbahn m. Bahnhof	(railway with station)
	Schmalspurbahn	(narrow gage railway)
	Tunnel; Brücke	(tunnel; bridge)

Inhalt

- 3 Vorwort
- 9 Region Engadin - Val Müstair - Vinschgau - Reschenpass
- 12 Zu diesem Buch

14	Tour 1	Der Etsch-Radweg
		„Via Claudia Augusta"
38	Tour 2	Der Inntal-Radweg
61	Tour 3	Reschensee-Runde
65	Tour 4	3-Länder Tour
79	Tour 5	Albula-Flüela Runde
92	Tour 6	3-Täler Tour
103	Tour 7	Umbrail-Stelvio Runde
108	Tour 8	Latsch bis Zernez

- 108 Übernachtungsverzeichnis
- 119 Ortsindex

Herzlich Willkommen in der größten Rad & Bike Arena der Alpen!

Grenzenloses und attraktives Radfahren & Mountainbiken auf mehr als 5000 Tourenkilometern. Für die Familie wie die Experten und das alles durch traumhafte Berglandschaften auf höchstem Niveau!

In den 3-Länder-Rad-&-Bike-Arena Regionen des Schweizer Engadin & Val Müstair, des Südtiroler Vinschgau und der Österreichischen Region Nauders am Reschenpass in Tirol finden Radsportler und Mountainbiker traumhafte Rad- & Mountainbike-Reviere aller Schwierigkeitsgrade.

Einzigartige Kulturlandschaften mit herrlichen Sehenswürdigkeiten und fantastischen Erlebnisangeboten mit mehr als 240 speziellen Rad- und Mountainbike-Beherbergungsmöglichkeiten aller Kategorien freuen sich, Ihnen unvergessliche Radurlaubstage zu bieten.

Diese „Radfreundlichen" bzw. „Radspezialisten" Beherbergungsbetriebe in der 3- Länder Rad- & Bike Arena wurden eigens nach einem strengen Anforderungsprofil kategorisiert. Damit wird perfekter Service in dieser mit freundlicher Unterstützung der Europäischen Gemeinschaft geförderten Urlaubsdestination gewährleistet.

Die Radstrecken und Mountainbiketouren aller Schwiergkeitsgrade sind nach einem gemeinsamen System ausgeschildert (grenzüberschreitende Touren haben in allen 3-Länder Rad-& Bike Arena Regionen die gleiche Nummerierung).

Über eine gemeinsame Internetplattform (www.rad-bike-arena.com) können Sie topaktuell ab Frühjahr 2005 alle Infos über die 3-Länder Rad- & Bike Region abrufen.

Wir freuen uns auf Sie, Ihre Familie und Ihre Freunde. Es erwartet Sie ein unvergesslicher, abwechslungsreicher Rad- & Mountainbike-Urlaub im 3-Ländereck: Südtirol / Vinschgau, Schweiz / Engadin & Val Müstair und Tirol/Nauders am Reschenpass.

**Die Tourismusverbände
der 3-Länder Rad-& Bike Arena
Tourismusverband Vinschgau**
Südtirol - Italien, Kapuzinerstr. 10, I-39028 Schlanders,
Tel. +39 0473 737000, Fax +39 0473 737011
info@vinschgau.is.it, www.rad-bike-arena.it;
www.vinschgau.is.it
Tourismusverbund „Die Nationalparkregion"

ENGADIN/Scuol Tourismus AG
CH-7550 Scuol, Tel.: +41 81 861 22 22
Fax: +41 81 861 24 23,
info@scuol.ch / www.rad-bike-arena.ch;
www.nationalparkregion.ch
EWIV Ferienregion Reschenpass
I-39020 Graun, Tel.: +39 0473 73 70 90,
Fax: +39 0473 633 140,
reschen@reschenpass.info,
www.rad-bike-arena.it; www.reschenpass.info
A-6543 Nauders, Tel.: +43 (0) 5473/87 220
Fax.: + 43 (0)5473/87 627,
info@reschenpass.info; www.rad-bike-arena.at

Rad- & Sportshops in Nauders:
- Fahrradverleih u. Fahrradwerkstätte Auto Hutter, A-6543 Nauders, Tel.: +43 (0) 5473 87435
- Sportalm Wassermann, A-6543 Nauders Tel.: + 43 (0) 5473 87234
- Intersport Penz, A-6543 Nauders, Tel.: + 43 (0) 5473 87298
- Skistadl Ortler, A-6543 Nauders, Tel.: +43 (0) 5473 87489

Taxi- und Bus- und Bahnunternehmen in/rund um Nauders:
- Taxiunternehmen Schmid Reisen, A-6543 Nauders, Tel.: +43 (0) 5473 87590 od. 87281
- Taxiunternehmen Padöller, A-6543 Nauders, Tel.: + 43 (0) 54 73 87 245
- Busverbindung Nauders Pfunds Landeck u. retour: (Mai -Oktober) Radtransport kostenlos! Postbusstelle Landeck: Tel.: + 43 (0) 5442 64422
- Busverbindung in Richtung Schweiz: Nauders Scuol - Nauders: Postamt Scuol: Tel.: +41 (0) 81 864 16 83 oder Postbusstelle Landeck: Tel.: +43 (0) 5442 64422
- Bahn: www.oebb.at oder Info-Tel. +43(0)1/93000-0

Rad- & Sportshops im Vischgau:
- Acquaterra (neben Sportstadion), I-39021 LATSCH, Tel.: +39/0473/720042, Handy: 336/611336
- Motorrad- und Fahrradfachgeschäft Vent, I-39021 LATSCH, Tel.: +39/0473/623148
- Bike-Man, I-39028 SCHLANDERS, Handy: +39/339/7776677
- Telfser Theo/Moto-Bike-Shop, I-39028 SCHLANDERS, Tel.: +39/0473-730566
- VTD- Radverleih, I-39028 SCHLANDERS, Handy: +39/335-6219900
- Baldi Sport, I-39026 PRAD, Tel.: +39/0473/617071
- Ortler 2 Rad (Fahrräder und Scooter), I-39026 PRAD, Tel.: +39/0473/616495
- Sport Express, I-39020 TRAFOI,Tel. + 39/0473/611548 od. Handy 335/424840
- Stecher Johann, I-39020 SCHLUDERNS, Tel.: +39/0473/615096
- Sport Tenne, I-39024 MALS, Tel.: +39/0473/830560
- Sport Ziernheld, I-39024 MALS, Tel.: +39/0473/830105
- Sport Kristiana, I-39024 MALS, Tel.: +39/0473/831435
- Sport Tenne, I-39020 ST. VALENTIN, Tel.: +39/0473/634722
- Sport Folie, I-39027 RESCHEN, Tel.: +39/0473/633155
- Sport Winkler, I-39027 RESCHEN, Tel.: +39/0473/633126

Taxi- und Busunternehmen im Vinschgau:
- Fleischmann Raimund, I-39020 GOLDRAIN, Tel.: +39/0473/742537, Handy: +39/340/3174566
- Busunternehmen Martelltalreisen, I-39020 MARTELL, Tel.: +39/0473/744544
- Anton Fuchs, I-39020 MARTELL, Tel.: +39/0473/744524
- Josef Fleischmann, I-39020 MARTELL, Tel.: +39/0473/744520
- Alois Stecher, I-39028 SCHLANDERS, Tel.: +39/0473/730703
- Vinschger Taxi Dienst „Via Claudia Augusta" Bike-Shuttle, I-39028 SCHLANDERS, Handy: +39/335/6219900
- Konrad Gurschler, I-39028 SCHLANDERS, Tel.: +39/0473/621005
- Karl Wallnöfer, I-39026 PRAD, Tel.: +39/0473/616643 od. Handy +39/335/6628678
- Theiner Alfred, I-39026 PRAD, Tel.: +39/0473/616207
- Erika Pinggera, I-39020 GOMAGOI, Tel.: +39/0473/611719
- Ernst Angerer, I-39020 TRAFOI, Tel.: +39/0473/ 611548 od. Handy +39/335/424840
- Hugo Ortler, I-39020 TRAFOI, Tel.: +39/0473/611704 od. Handy +39/335/346877
- Volgger, I-39029 SULDEN, Tel.: +39/0473/613106 od. Handy +39/335/6006865
- Fliri Hermann Bernhard, I-39020 TAUFERS, Tel.: +39/0473/832206
- Glurnser Stadtbus, I-39020 GLURNS, Tel.: +39/0473/830304 od. Handy: +39/328/5624345
- Reisebus Flora, I-39024 MALS, Tel.: +39/0473/831171
- Taraboi Armin, I-39024 MALS, Tel.: +39/0473/831106 od. Handy +39/347/7987265
- Fridolin Thanei, I-39024 MALS, Tel.: +39/0473/842647
- Franz Steck, I-39024 MALS, Tel.: +39/0473/831148
- Irish-Mietwagendienst /Iris Habicher, I-39024 MALS, Handy: +39/333/5657464
- Obervinschgau Reisen - Robert Matzoll, I-39020 GRAUN, Tel.: +39/0473/633494 od. Handy +39/335/6588855
- Elmar Prenner, I-39020 ST. VALENTIN, Tel.: +39/0473/634667, Handy +39/335/5438690

Rad- & Sportshops & Taxi- & Busunternehmen im Engadin und Val Müstair:

Gebiet Samnaun:
- Sport Samnaun 3000, CH-7563 Samnaun-Dorf, Tel.: +41 (0) 81 868 57 57
- Sport Hangl, CH-7563 Samnaun-Dorf, Tel.: +41 (0) 81 861 93 30
- Sport Peer, CH-7563 Samnaun Ravaisch, Tel.: +41 (0) 81 868 52 60
- Bus: Postbushalter Manfred Zegg, Samnaun-Dorf
- Taxi Matthias Prinz, Samnaun Ravaisch, Tel.: +41 (0) 81 868 56 27
- Taxi JeLu, Samnaun Laret, Tel.: +41 (0) 81 723 32 32 o. (0) 79 723 32 32

Gebiet Unterengadin:
- Tandem Velos-Mofas, CH-7550 Scuol, Tel.: +41 (0) 81 864 92 91
- Sport Heinrich, CH-7550 Scuol, Tel.: +41 (0) 81 864 19 56
- Sport Conradin, CH-7550 Scuol, Tel.: +41 (0) 81 864 14 10
- Sport Engiadina GmbH, CH-7550 Scuol, Tel.: +41 (0) 81 860 37 00
- Sport Champatsch Sent, CH-7554 Sent, Tel.: +41 (0) 81 864 13 10
- Jon Sport, CH-7552 Vulpera, Tel.: +41 (0) 81 864 18 48
- BIXS Bike Shop, CH-7550 Scuol, Tel.: +41 81 861 14 19

Bus- und Bahnunternehmen:
- Auto da Posta Grischun, CH-7550 Scuol, Tel.: +41 (0) 81 864 16 83
- Allegra Engiadina, Car-Reisen, CH-7554 Sent, Tel.: +41 (0) 81 866 31 05
- Guler Viadis, CH-7554 Sent, Tel.: +41 (0) 81 864 94 43
- Rhätische Bahn, CH-7550 Scuol, Tel.: +41 (0) 081 864 11 81
- Taxi Pfister, CH-7550 Scuol, Tel.: +41(0) 81 864 11 11
- Taxi Max, CH-7550 Scuol, Tel.: +41 (0) 81 864 05 05
- Taxi ABA, CH-7550 Scuol, Tel.: +41(0) 81 864 80 80
- Taxi Soèr, CH-7554 Sent, Tel.: +41 (0) 79 642 32 42

Gebiet Val Müstair:
Rad- und Sportshops, Taxi- und Busunternehmen
- Grond Sport, Müstair, Tel.: +41 (0) 81 858 55 59
- Livio Tschenett, Müstair, Tel.: +41 (0) 81 858 59 63
- Bike-Vermietung Landolt, Valchava, Tel.: +41 (0) 81 858 54 85
- Sport Muglin, Tschiero, Tel.: +41 (0) 81 851 60 26
- Postautounternehmen Pfeiffer, Lü, Tel.: +41 (0) 81 858 51 66

Gebiet Plaiv
Taxi:
- Taxi Ramponi, CH-7522 La Punt, Tel.: +41 (0) 81 854 39 44
- Taxi Schorta, CH-7530 Zernez, Tel.: +41 (0)81 856 11 25

Sportshops:
- Colani Sport, CH-7522 La Punt, Tel.: +41 (0)81 854 33 44
- Velo Kesch, CH-7522 La Punt, Tel.: +41 (0)81 854 10 19
- Willy Sport, CH-7524 Zuoz, Tel.: +41 (0)81 854 12 89
- Sarsura Sport SA, CH-7530 Zernez, Tel.: +41 (0)81 856 14 34

Alle auf diesen beiden Seiten angeführten „3-Länder Rad-&Bike Arena" Taxi- & Busunternehmen gewährleisten selbstverständlich die Mitnahme von Rädern und Mountainbikes!

www.rad-bike-arena.com

Region Engadin-Val Müstair/Vinschgau-Südtirol/Nauders-Reschenpass

Streckencharakteristik

Länge

Die Gesamtlänge der in diesem Radtourenbuch erfassten 6 Touren beträgt rund 665 **Kilometer**. Varianten und Ausflüge sind dabei ausgenommen. Die kürzeste Tour hat eine Länge von 36 Kilometern, die längste ist 146 Kilometer lang.

Wegequalität & Verkehr

Wegequalität und Verkehrsaufkommen werden zu jeder der 6 Touren im Detail erklärt. Allgemein ist die Wegequalität sehr gut und die Radwege sind gut ausgebaut. Die Touren verlaufen überwiegend auf asphaltierten Straßen, Radwegen und Landwirtschafts- und Forstwegen. Nur kürzere Teilstrecken an den Flüssen Inn und Etsch sind unbefestigt, aber meistens gut zu befahren.

Das Verkehrsaufkommen ist bei den Radwegen entlang von Inn und Etsch sehr gering. Nur selten müssen Sie auf verkehrsreichere Straßen ohne Radweg ausweichen. Bei den Touren 4 bis 6 verläuft der Großteil der Wegstrecke auf den besonders in den Ferienzeiten stärker frequentierten Passstraßen über den Ofen-, Flüela-, Albula-, Livigno- und Berninapass.

Beschilderung

Es gibt in der Schweiz, Österreich und Italien verschiedene Radwegbeschilderungen. Der Inn-Radweg ist in der Schweiz durchgehend mit rot-blauen Schildern mit der Nummer 6 ausgeschildert. In Österreich ist der Radweg mit der Bezeichnung „Inntal-Radweg" beschildert. In Italien ist der Radweg entlang der Etsch von Reschen bis Meran mit regionalen Vinschgauer Radschildern und Via Claudia Augusta-Schildern gekennzeichnet. Die Touren auf den Passstraßen in den drei Ländern weisen keine Beschilderung auf.

Tourenplanung

Wichtige Telefonnummern:

Internationale Vorwahlen:
Schweiz (CH): 0041
Österreich (A): 0043
Italien (I): 0039

Zentrale Infostellen

Graubünden Ferien, Alexanderstr. 24, CH-7001 Chur, ☏ 81/2542424, www.graubuenden.ch
Schweiz Tourismus, CH-8027 Zürich, ☏ 1/2881300, www.MySwitzerland.com
ENGADIN/ScuolTourismusAG, CH-7550 Scuol, ☏ 81/8612222, www.engadn.com
TOP Engadin, CH-7524 Zuoz, ☏ 81/8512020, www.topengadin.ch
Turissem Val Müstair, CH-7537 Müstair, ☏ 81/8585858, www.val-muestair.ch
Samnaun Tourismus, CH-7563 Samnaun-Dorf, ☏ 81/8685858, www.samnaun.ch
Tourismusverband TirolWest, A-6500 Landeck, Postfach 55, ☏ 05442/65600, www.tirolwest.at
Tourismusinformation Südtirol Marketing, I-39100 Bozen, ☏ 0471/999999, www.suedtirol.info
Tourismusverband Vinschgau, I-39028 Schlanders, ☏ 0473/737000, www.vinschgau.is.it

Anreise & Abreise mit der Bahn

In die Regionen Engadin, Vinschgau oder Nauders/Reschenpass gelangen Sie aus Deutschland am besten über München-Innsbruck-Landeck und von dort aus mit den einzelnen Zügen oder Bussen entweder ins Engadin über Chur, oder in die Region Reschenpass oder Vinschgau über Nauders. Genaue Fahrplanauskünfte und Verbindungen erfragen Sie bitte bei der Infostelle der Deutschen Bahn oder unter www.sbb.ch.

Infomationsstellen:

Schweizer Bahnen (SBB) Rail Service: ☏ 0900/300300

Die informative Broschüre „Velo und Bahn" wird von der Schweiz Tourismus herausgegeben und ist an jedem größeren Bahnhof in der Schweiz erhältlich.

Österreichische Bahn (ÖBB): ☏ 05/1717

Italienische Bahn (FS): www.trenitalia.it

Deutsche Bahn AG, **DB Auskunft**, ☏ 11861 (Reservierungen, Fahrplanauskünfte, und Fahrpreise; € 1,33/Min.), **DB Fahrplanauskunft** (kostenfrei) ☏ 0800/1507090, www.bahn.de.

Deutsche Bahn AG, **Radfahrer Hotline**, ☏ 01805/151415 (Mo-So 7-23 Uhr; 0,12 €/Min.), weiterführende Infos zur Rad&Bahn unter www.bahn.de/pv/uebersicht/die_bahn_bahn_und_bike.shtml.

Fahrradtransport

Die Fahrradmitnahme als auch der Versand ist grundsätzlich zwischen den 3 Ländern möglich.

Fahrradmitnahme:

Schweiz: Die grenzüberschreitende Fahrradmitnahme ist in zahlreichen Zügen möglich. Die benötigte internationale Fahrradkarte kostet auf der Hinfahrt € 10,- zzgl. Reservierungskosten von CHF 5,-; von der Schweiz aus zahlen Sie normalerweise CHF 21,-. Eine Tageskarte innerhalb der Schweiz kostet CHF 15,- und für Kurzstrecken lediglich der Personenfahrpreis.

Die Fahrradmitnahme innerhalb des Landes ist größtenteils unkompliziert, da Sie Ihr Fahrrad meist selber in Gepäckwagen oder in speziellen Veloselbstverlad-Wagen mit Radhaken verladen können. Achten Sie auf die Kennzeichnung der Züge! Eine Stellplatzreservierung ist nicht möglich – meist ist genügend Platz vorhanden.

Den Veloselbstverlad ins Ausland muss man vorher reservieren, da dort eine begrenzte Zahl Stellplätze vorhanden ist.

Im speziellen Velofahrplan finden Sie die besten Anreiseverbindungen in die Schweiz. Dieser ist an jedem Bahnhof gratis erhältlich.

Österreich: Die Fahrradmitnahme ist in Zügen, die im Fahrplan mit dem Radsymbol 🚲 gekennzeichnet sind, möglich – allerdings nur, wenn Sie im Besitz einer Fahrradkarte sind und genügend Laderaum vorhanden ist. Eine Stellplatzreservierung ist deshalb empfehlenswert. Die Preise für die Fahrradkarten sind wie folgt (regional):

Fahrrad-Tageskarte € 2,90
Fahrrad-Wochenkarte € 7,50
Fahrrad-Monatskarte € 22,50

IN EC/IC-Zügen gelten folgende Preise:
Fahrrad-Tageskarte € 7,27. Aufzahlung zu normaler Tages-Fahrradkarte: € 4,36.

Italien: Italiens Züge sind nicht sonderlich gut auf die Fahrradmitnahme eingerichtet. Fahrräder dürfen in den meisten Zügen nur zusammengeklappt oder demontiert und verpackt mitgenommen werden. Als max. Größe wird 1,10 m x 0,80 m x 0,40 m vorgegeben. Besseren Service bieten die Privatbahnen, welche schon eher eine Mitnahme erlauben, doch Achtung: lieber rechtzeitig erkundigen, um unliebsame Überraschungen zu vermeiden. In den vielen Zügen der italienischen Privatbahnen ist die Fahrradmitnahme möglich. Eine Stellplatzreservierung wird nicht angeboten. (www.trenitalia.it)

Deutschland: Die direkte Fahrradmitnahme ist in Deutschland in allen Zügen möglich, die im

Fahrplan mit dem Radsymbol 🚲 gekennzeichnet sind. Voraussetzung für die Fahrradmitnahme ist, dass Sie im Besitz einer Fahrradkarte sind und genügend Laderaum vorhanden ist. In fast allen Zügen des Fernverkehrs benötigen Sie spätestens am Tage zuvor eine Stellplatzreservierung für Ihr Fahrrad. Die Reservierung ist kostenfrei. Sie kann am Fahrkartenschalter oder über die Radfahrer-Hotline (Tel: ☏ 01805/151415) realisiert werden.

Die Fahrradmitnahme kostet innerhalb Deutschlands € 8,–, Bahncardbesitzer zahlen € 6,–. In Zügen des Nahverkehrs kostet die Mitnahme € 3,–. Für Fahrradanhänger, Tandems, Liegeräder und Dreiräder sowie Fahrräder mit Hilfsmotor müssen Sie zusätzlich noch eine zweite Fahrradkarte erwerben. Eine internationale Fahrradkarte kostet € 10,–.

Fahrradversand:
Schweiz: Das Versenden Ihres Rades ist als unbegleitetes Reisegepäck möglich, die Aufgabe sollte so früh wie möglich vor der Abreise geschehen, spätestens aber einen Tag vorher. Bei Gruppen ab 10 Personen ist eine Anmeldung 48 Stunden vorher notwendig. Die Preise pro Strecke betragen innerhalb der Schweiz CHF 12,-, international CHF 24,-. Eine obligatorische Hülle ist im Preis inbegriffen.

Österreich: Für den Gepäcktransport in Österreich buchen Sie den Haus-Haus-Gepäck-Service beim Kauf Ihrer Fahrkarte oder unter der Telefonnummer ☏ 051717 – bei Lieferungen ins Ausland zwei Werktage, im Inland einen Werktag vor Antritt der Reise.
Die Kosten betragen im Inland € 12,35 (erstes Gepäckstück/Rad) und € 16,71 (für 2 Gepäckstücke bzw. Fahrräder). Nach Deutschland belaufen sich die Kosten pro Rad (zzgl. € 10,90 pro Sendung) auf € 28,34 und in die Schweiz 37,79 (inkl. Versicherung).

Italien: Gepäckversand mit Hauszustellung wird nur in Südtirol angeboten. Eine Verpackung ist erforderlich. Der Preis für den Transport von Deutschland nach Südtirol beträgt € 29,65 für das 1. Rad und € 24,50 für jedes weitere Rad. Die Kosten für den Rücktransport erfahren Sie in Italien.

Gepäcktransport: Von Hotel zu Hotel südtirolweit oder vom Hotel zum Flughafen:
Vinschger Taxi Dienst „Via Claudia Augusta" Bike-Shuttle, I-39028 Schlanders, ☏ 0039-335-6219900, www.vinschger-Taxi.com

Deutschland: Wenn Sie innerhalb Deutschlands Ihr Fahrrad im Voraus als KuriersGepäck zum Zielort schicken wollen, dann können Sie dies über die **Bahn** in Kooperation mit dem **Hermes Versand** oder direkt bei Hermes Versand unter ☏ 01805/4884 (0,12 €/Min.) in Auftrag geben. In Verbindung mit dem Kauf einer Bahnfahrkarte ist der Fahrradversand erheblich kostengünstiger.
Beim Kauf Ihrer Bahnfahrkarte bestellen Sie am Schalter ein KurierGepäckTicket für Ihr Fahrrad. Dieses Ticket lösen Sie bei der Abholung Ihres Fahrrades beim Kurierfahrer ein und bezahlen lediglich den KurierGepäck-Preis. Der KurierGepäck-Preis Inland beträgt für das erste und zweite Fahrrad € 24,10, für jedes weitere Fahrrad werden € 18,10 berechnet (bei gleicher Abhol- und Zustelladresse). Für die Verschickung von Fahrrädern besteht **Verpackungspflicht**, d.h. das Fahrrad muss bei Abholung transportgerecht verpackt sein. Falls kein entsprechendes Material zur Hand ist, bringt der Kurierfahrer auf Bestellung eine entsprechende Mehrwegverpackung zum Preis von € 5,90 mit.
Der Fahrradversand mit Hermes erfolgt nur von Haus zu Haus, d.h. Sie benötigen sowohl für die Abholung als auch für die Zustellung eine Privatadresse.

Übernachtung

Die Übernachtungsbetriebe in allen drei Teilregionen sind im Sommer und im Winter zu Hochsaisonzeiten oft komplett ausgebucht, da es sich hier um Sommer- und Wintertourismusgebiete handelt.

Es gibt, egal ob im Engadin, ob in Tirol oder im Vinschgau, zahlreiche Betriebe in allen Preiskategorien vom First Class Hotel bis zum Campingplatz und es wird ein gutes Preis-Leistungsverhältnis geboten.

In der Schweiz muss man jedoch im Vergleich zu den beiden anderen Regionen des öfteren mit einem höheren Preisniveau rechnen.

Mit Kindern unterwegs

Die Routen entlang von Inn und Etsch sind für Kinder nur bedingt geeignet, da besonders im Schweizer Teil einige geschotterte Waldwege, ziemliche Steigungen und Gefälle sowie verkehrsreiche Straßenabschnitte vorkommen. Ebenso der Radweg entlang der Etsch vom Reschenpass nach Meran. Die Tour um den Reschensee kann jedoch von Kindern ab 10 Jahren problemlos befahren werden.

Die Touren über die Alpenpässe sind für Kinder nicht geeignet.

Das Rad für die Tour

Die Touren in diesem Buch sind von ihrer Charakteristik recht unterschiedlich. Allgemein gilt, dass in den Regionen Tirol, Engadin und Vinschgau als Gebirgsregionen immer wieder mit Steigungen und Gefällestrecken gerechnet werden muss. Daher sollten Sie bei Ihrem Fahrrad auf eine gut berggängige Übersetzung achten. Am besten ist hier eine Übersetzung von 1:1, d. h. eine Pedalumdrehung entspricht einer Umdrehung des Hinterrades. Aber nicht nur die Übersetzung ist wichtig bei der Wahl des Rades, sondern ebenso die Bereifung, Sattel, Gewicht, Fahrradständer oder Gepäckträger. Am besten Sie lassen sich von Ihrem Fahrradhändler beraten. Für die Touren in diesem Buch eignen sich Touren- und Trekkingräder, Mountainbikes und in vielen Fällen auch das Rennrad.

Zu diesem Buch

Dieser Radreiseführer enthält alle Informationen, die Sie für den Radurlaub innerhalb der 3 Länder Rad-&-Bike-Arena benötigen: Exakte Karten, eine detaillierte Streckenbeschreibung, ein ausführliches Übernachtungsverzeichnis, Stadt- und Ortspläne und die wichtigsten Informationen zu touristischen Attraktionen und Sehenswürdigkeiten.

Und das alles mit der **bikeline-Garantie**: jeder Meter in unseren Büchern ist von einem unserer Redakteure vor Ort auf seine Fahrradtauglichkeit geprüft worden!

Die Karten

Eine Übersicht über die geographische Lage des in diesem Buch behandelten Gebietes gibt Ihnen die Übersichtskarte auf der vorderen inneren Umschlagseite. Hier sind auch die Blattschnitte der einzelnen Detailkarten eingetragen.

Diese Detailkarten sind im Maßstab 1 : 75.000 erstellt. Dies bedeutet, dass 1 cm auf der Karte einer Strecke von 750 Metern in der Natur entspricht. Zusätzlich zum genauen Routenverlauf informieren die Karten auch über die Beschaffenheit des Bodenbelages (befestigt oder unbefestigt), Steigungen (leicht oder stark), Entfernungen sowie über kulturelle und gastronomische Einrichtungen entlang der Strecke.

Allerdings können selbst die genauesten Karten den Blick auf die Wegbeschreibung nicht ersetzen. Komplizierte Stellen werden in der Karte mit diesem Symbol ⚠ gekennzeichnet, im Text finden Sie das gleiche Zeichen zur Kennzeichnung der betreffenden Stelle wieder. Beachten Sie, dass die empfohlene Hauptroute immer in Rot und Violett, Varianten und Ausflüge hingegen in Orange dargestellt sind. Die genaue Bedeutung der einzelnen Symbole wird in der Legende ab Seite 4 erläutert.

Höhen- und Streckenprofil

Das Höhen- und Streckenprofil gibt Ihnen einen grafischen Überblick über die Steigungsverhältnisse, die Länge und die wichtigsten Orte entlang der Radroute. Es können in diesem Überblick nur die markantesten Höhenunterschiede dargestellt werden, jede einzelne kleinere Steigung wird in der grafischen Darstellung jedoch nicht berücksichtigt. Die Steigungs- und Gefälleverhältnisse entlang der Route finden Sie im Detail mit Hilfe der Steigungspfeile in den genauen Karten.

Der Text

Der Textteil besteht im Wesentlichen aus der genauen Streckenbeschreibung, welche die empfohlene Hauptroute enthält. Stichwortartige Streckeninformationen werden, zum leichteren Auffinden, von dem Zeichen ▶ begleitet.

Unterbrochen wird dieser Text gegebenenfalls durch orange hinterlegte Absätze, die Varianten und Ausflüge behandeln.
Ferner sind alle wichtigen **Orte** zur besseren Orientierung aus dem Text hervorgehoben. Gibt es interessante Sehenswürdigkeiten in einem Ort, so finden Sie unter dem Ortsbalken die jeweiligen Adressen, Telefonnummern und Öffnungszeiten.

Die Beschreibung der einzelnen Orte sowie historisch, kulturell oder naturkundlich interessante Gegebenheiten entlang der Route tragen zu einem abgerundeten Reiseerlebnis bei. Diese Textblöcke sind kursiv gesetzt und unterscheiden sich dadurch auch optisch von der Streckenbeschreibung.
Zudem gibt es kurze Textabschnitte in den Farben violett oder orange, mit denen wir Sie auf bestimmte Gegebenheiten aufmerksam machen möchten:

Textabschnitte in Violett heben Stellen hervor, an denen Sie Entscheidungen über Ihre weitere Fahrstrecke treffen müssen; z. B. wenn die Streckenführung von der Wegweisung abweicht, oder mehrere Varianten zur Auswahl stehen u. ä.

Textabschnitte in Orange stellen Ausflugstipps dar und weisen auf interessante Sehenswürdigkeiten oder Freizeitaktivitäten etwas abseits der Route hin.

Das Symbol ⚠ bezeichnet schwierige Stellen, an denen zum Beispiel ein Schild fehlt, oder eine Routenführung unklar ist. Sie finden das Zeichen an derselben Stelle in der Karte wieder, so dass sie wissen auf welches Wegstück sich das Symbol bezieht.

Übernachtungsverzeichnis

Auf den letzten Seiten dieses Radtourenbuches finden Sie zu fast allen Orten an der Strecke eine Auswahl von günstig gelegenen Hotels und Pensionen. Dieses Verzeichnis enthält auch Campingplätze und Jugendherbergen. Ab Seite 109 erfahren Sie Genaueres.

Tour 1 Der Etsch-Radweg „Via Claudia Augusta"

Rad fahren zwischen Reschenpass und Meran durch den Vinschgau ist ein unbeschreibliches Reiseerlebnis: atemberaubende Alpenpanoramen, gletscherfarbige Gebirgsseen, blühende Obstbäume oder rote apfelbehangene Obstplantagen – je nach Jahreszeit.

Charakteristik
Länge: 138 km
Start: Landeck. Je nach Tourenplanung können Sie aber auch Nauders oder einen beliebigen Ort in Südtirol entlang der Strecke als Ausgangspunkt wählen und somit nur eine Teilstrecke fahren.
Ziel: Meran

An- & Abreise: (Bahn, Bus): Den Ausgangspunkt der Route Landeck, erreichen Sie mit Schnell-, InterCity-, oder EuroCity-Zügen. Von Landeck gibt es gute Busverbindungen nach Nauders. Mit dem Postbus können Sie Ihr Rad zwischen Mai und Oktober kostenlos transportieren. Informationen unter ☎ 0043/5442/64422

Wegbeschaffenheit: ausgebaute Radwege, Landstraßen

Verkehr: Der Weg auf den Reschenpass verläuft zum

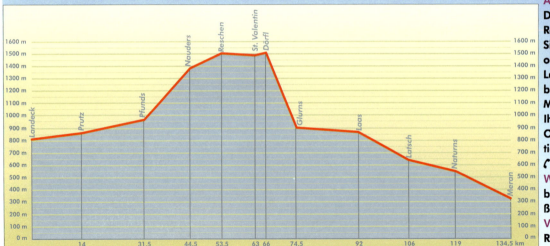

Teil auf der vielbefahrenen Reschenpass-Bundesstraße. Ein Großteil der Tour ist jedoch auf verkehrsarmen Landstraßen zurückzulegen.

Steigungen: Zwischen Pfunds und Nauders ist ein starker Anstieg zu bewältigen.

Beschilderung: Entlang der Etsch folgen Sie den Via Claudia Augusta-Schildern. Zu Beginn der Strecke weisen die Schilder des Inn-Radweges den Weg. Im Vinschgau ist eine regionale Beschilderung, als auch die der Via Claudia Augusta vorhanden.

Kombinierbar: Anbindung an die Tour 2, 3 und 4

Landeck

PLZ: A-6500; Vorwahl: 05442

Tourismusverband Landeck und Umgebung, Malser Str. 10, ✆ 62344

Schlossmuseum Landeck, ✆ 63202, ÖZ: 25. Mai-1. Okt. 10-17 Uhr, 2.-26. Okt. 14-17 Uhr. Heimatkundliches Bezirksmuseum mit den Schwerpunkten bäuerliche Wohnkultur und Gerätschaft für Feld und Acker sowie für die Alm- und Milchwirtschaft. Prunkstücke sind die drei Leopoldsbecher von 1703, welche die Geschichte des Schützenwesens dokumentieren.

Schloss Landeck, (13. Jh.), Schlossweg. Die Burg mit dem gewaltigen Bergfried war Sitz der landesfürstlichen Pfleger, um 1530 entstand unter Kaiser Maximilian I. das spätgotische Hallengewölbe über dem Hof und das Renaissance-Tor. Im 18. Jh. ist die Anlage niedergebrannt und wurde nicht wieder in alter Form aufgebaut. Bis 1840 Gerichtssitz und seit 1949 Restaurierungsarbeiten.

Ruine Schrofenstein, 2 km nördlich. Bereits 1196 erwähnt, war ehemaliges Lehen des Bistums Chur, das Geschlecht der Schrofensteiner erlosch 1546. Heutige Anlage mit herrlichem Ausblick in Privatbesitz.

Stadtpfarrkirche, Schlossweg. Der spätgotische, dreischiffige Bau der Liebfrauenkirche entstand zw. 1471 und 1521, Treppengiebel und Helm von 1861. Die heute neben Seefeld und

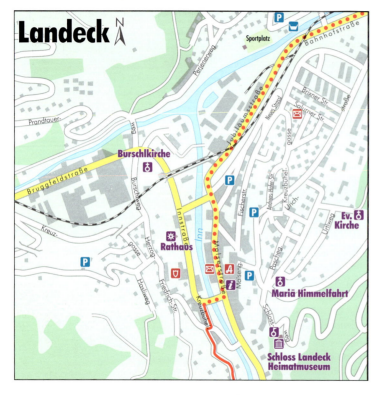

Schwaz bedeutendste gotische Kirche in Nordtirol war eine Stiftung des Ritters Oswald von Schrofenstein, an ihn erinnern Grabstein und Gruftplatte.

Schloss Landeck

- **Burschlkirche**, Bruggfeldstraße, Besichtigung nur im Rahmen der Stadtführung. Die ehemalige Pestkirche wurde um 1650 aufgrund eines Gelöbnisses erbaut und verfügt über eine Holzkassettendecke im Stil der Renaissance sowie drei bemerkenswerte Altäre. Eingang, Fenster und Chorraum sind gotisch.
- **Pfarrkirche Stanz**, 1,5 km nordwestlich. Die heutige Kirche in der ältesten Pfarrei des Landes wurde 1460-70 von der Grinner Bauhütte errichtet. 1229 verlegt der Pfarrer seinen Sitz nach Zams.
- **Gerberbrücke**, am Inn unterhalb vom Schloss. Einst Schauplatz der Tiroler Freiheitskämpfe 1703, Gedenktafel für Dominikus Tasch.

Landeck liegt im Oberen Inntal, wo die Straßen vom Arlberg und vom Reschenpass zusammentreffen, in einer sonnigen, nebelfrei-

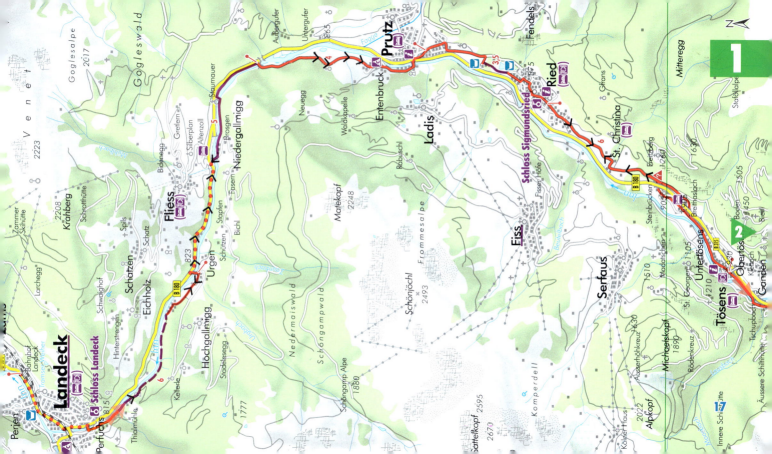

en Talmulde, umgeben von einer malerischen Berglandschaft.

Von der erhöht über der Stadt liegenden Burg konnte der Zugang zu beiden Pässen überwacht werden. Die günstige Verkehrslage macht Landeck zur „Ausflugsschaukel Tirols". Der Inn nimmt hier vom Süden kommend die Sanna auf und zeigt noch sein wildes, ungezähmtes Gesicht.

Tipp: Es ist auch möglich diese Tour erst in Nauders zu beginnen, dann ersparen Sie sich die starke Steigung des Finstermünzpasses.

Von Landeck nach Pfunds — 31,5 km

Mit dem Bahnhof Landeck im Rücken wenden Sie sich nach links in die **Bahnhofstraße**, diese geht in die **Jubiläumsstraße** über ~ weiter in der **Malserstraße** Richtung Reschenpass ~ links auf der Holzbrücke über den Inn, dem Schild „Zum Radwanderweg" folgend ~ die nächsten 2-3 Kilometer am rechten Ufer, anfangs asphaltiert, dann unbefestigt bis nach Urgen.

Reschensee

Urgen

In Urgen für 2 Kilometer auf die Bundesstraße ~ links vom Inn bis zum Ortsteil Zoll ~ dann Abzweigung nach rechts ~ hier gibt es einen markierten Radweg Richtung Prutz ~ dieser ist asphaltiert und führt über die Staumauer und dann am anderen Flussufer weiter ~ vor dem Tunnel rechts über die Brücke ~ auf einer asphaltierten Straße am rechten Ufer des Sees ~ in Entbruck links über die Brücke nach Prutz.

Prutz

Die Bundesstraße queren und gleich den ersten Weg nach rechts ~ beim „Vorfahrt achten" rechts auf die größere Straße ~ am Umspannwerk vorbei ~ rechts zur Schule und zum Bad ~ direkt vor dem Gebäude links dem Schild auf den unbefestigten Weg folgen ~ an der Weggabelung rechts halten ~ am Damm links ~ weiter nach Ried ~ an der ersten Querstraße links und an der nächsten Kreuzung rechts in den Ort ~ an der darauffolgenden Kreuzung erneut rechts auf die Ortsdurchfahrtsstraße.

Ried

An der Kirche vorbei ~ nach dem Ort geht es stetig bergauf ~ bergab nach St. Christina ~ weiter bergab zur Bundesstraße ~ ⚠ bei der Bundesstraße gabelt sich die Straße, beide Varianten sind möglich, sie führen wieder zusammen ~ nächstes Ziel ist Tösens.

Tösens

8 St.-Georg-Kapelle, Das Bauwerk aus dem 15. Jh. weist romanische sowie gotische Bauelemente auf, sehenswert das Christophoro-Fresko von 1500 (außen) sowie die Fresken von Max Maller aus dem 15. Jh.(innen).

Rechts halten und den Radwanderschildern nach Tschuphach folgen ~ am Hang weiter durch

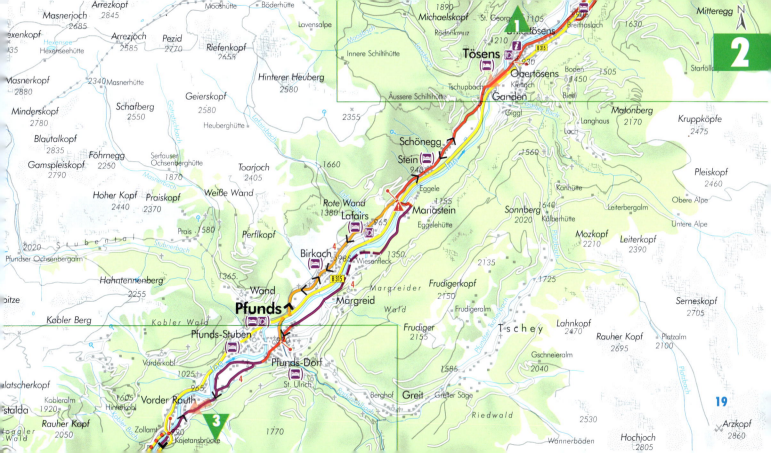

die Dörfer **Schönegg** und **Stein** ↝ hinter Stein geht es zurück zur Bundesstraße, hier eröffnen sich zwei Möglichkeiten, um weiter nach Pfunds zu fahren: entweder ganz einfach weiter auf der normalen Straße, das ist die etwas hügeligere Variante, oder am anderen Ufer des Inn auf einem Radweg.

Für die Radwegvariante mit großer Vorsicht die Bundesstraße queren ↝ dann über den Inn und danach rechts ↝ anfangs unbefestigt, dann asphaltiert ↝ nach 4 Kilometern ist Pfunds erreicht ↝ leicht bergauf, danach rechts über die Brücke ↝ am Kreisverkehr geradeaus.

Pfunds
PLZ: 6542; Vorwahl: 05474
- Tourismusverband, ✆ 5229
- Heimatmuseum
- Jagdschloss von Kaiser Maximilian

Von Pfunds nach Reschen   25 km

Tipp: Sie können Ihr Rad auch mit dem „Huckepack", dem Postbus, von Pfunds nach Nauders befördern lassen.

Immer geradeaus durch die verwinkelte Ortschaft ↝ gegen Ortsende auf den Anlie-

Schloss Naudersberg

gerweg ↝ an der Weggabelung hinter dem Ort links Richtung **Tschingels** ↝ ⚠ nach der Bundesstraßenunterführung auf einem unbefestigten Weg in den Wald ↝ die Radschilder weisen geradeaus weiter in den Wald, hier vom Inn abwenden und dem kurvigen Weg steil hinauf zur Bundesstraße folgen.

Tipp: Hier empfehlen wir, über die Kajetansbrücke zu fahren und die längere Strecke über die Schweiz zu fahren. Die Strecke auf der B 315 ist sehr gefährlich, da es viele Tunnels gibt und die Straße stark befahren ist.

Nun zirka 400 Meter auf der Reschenpassstraße über die Kajetansbrücke zurück ↝ dann links in die weniger stark befahrene Straße nach Martina ↝ die B 187 steigt bis zum Finstermünzpass gemächlich an und geht dann bergab bis zum Zollamt Martina.

Martina

Hier über die Innbrücke Richtung Nauders ↝ jetzt beginnt der Anstieg in 11 Kehren ↝ die letzten 1,6 Kilometer sind Abfahrt nach Nauders ↝ auf der Reschenpassstraße links halten und dann rechts Richtung Schloss.

Nauders
PLZ: A-6543; Vorwahl: 05473
- **Tourismusverband Nauders - Reschenpass**, Dr.-Tschiggfrey-Str. 66, ✆ 87220
- **Schloss Naudersberg**, ✆ 87242, ÖZ: Ende Mai-Mitte Okt., So 11 Uhr, Di 16.30 Uhr, Mi 17 Uhr, Fr 16.30 Uhr. Schon seit dem 13./14. Jh. Konnte man von dieser Burg aus das ganze Grenztal überblicken. Baulich wurde die Anlage im 15. und 16. Jh. noch weiter ergänzt. Arreste, Gerichtskanzlei, Burgkapelle mit Museum, Ausstellung über Handwerk und Gewerbe in Nauders.
- **St. Leonhardt Kirche**, aus dem 12. Jh., besitzt einen romantischen Freskenzyklus.
- **Maria Hilf** und **Heilig Geist Kirche**

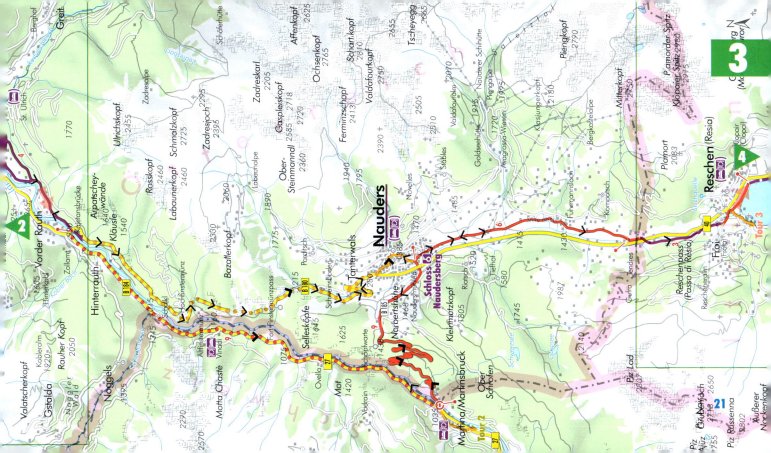

Kirchturm von Graun

Burgeis

🛡 **Festung Nauders**, aus der österr.-ungar. Monarchie. Ausstellung mit dem Thema: Verkehr über den Reschen.

⛪ **Pfarrkirche St. Valentin**

Nauders auf dem Sträßlein, das zum Schloss Nauders führt, verlassen ↝ weiter auf einem Anliegerweg an Seilbahnen und Sesselliften vorbei mitten durchs alpine Tirol ↝ auf diesem wunderbar befahrbaren Weg zur Grenze nach Italien ↝ nach einer Hofdurchfahrt gerade an einer Abzweigung vorbei.

Beim Hotel Dreiländerblick eine Rechtskurve und noch vor dem Zollamt eine Linkskurve ↝ über einen Parkplatz, kurz auf die Staatsstraße.

Tipp: Achtung hier herrscht viel Autoverkehr.

Gleich wieder links auf den Parkplatz ↝ am ersten Gebäude auf der italienischen Seite (Aufschrift „Restaurant, Zigaretten") links vorbei ↝ Überquerung der Staatsstraße in einen asphaltierten Radweg ↝ zuerst parallel zu dieser, dann in einem Bogen über Wiesen leicht ansteigend weiter.

In leichtem Gefälle bei einem Gatter nach Reschen hinein ↝ beim ersten Hof vorbei in eine Links-Rechtskurve.

Reschen
PLZ: 39027; Vorwahl: 0473

ℹ **Tourismusverein Vinschgauer Oberland**, ✆ 737092 (St. Valentin) od. ✆ 737090 (Reschen).

Von Reschen nach Glurns/Glorenza — 21 km

In Reschen bei der ersten Möglichkeit rechts ab ↝ in die erste Straße links und links am See entlangfahren ↝ direkt zwischen Straße und See nach Graun.

Graun/Curon
PLZ: 39020; Vorwahl: 0473

ℹ **Tourismusverein Vinschgauer Oberland**, ✆ 737092 (St. Valentin) o. 737090 (Reschen).

⛪ **Kirchturm Alt-Graun**, im Jahr 1950 verschwand ein Dorf in den Fluten des Stausees, einziges Relikt ist der vielfoto-

Etsch bei Glurns

grafierte Kirchturm, der zur Hälfte noch aus dem Wasser heraus ragt.

Der Reschensee wurde im Jahr 1949 zur Stromgewinnung angelegt. Damals fiel der Überflutung des Talbodens zwischen St. Valentin und Reschen das gesamte Dorf Graun zum Opfer. Nur der vielbestaunte Turm der Grauner Pfarrkirche ragt malerisch aus den Fluten des Sees heraus. Das heutige Dorf Graun siedelte sich dann in den Fünfziger Jahren wieder am Ufer des Sees an.

Über den Parkplatz ~ immer weiter am See entlang, der Bodenbelag wechselt zwischen Asphalt und Kieswegen ~ am Ende des Sees geht es nach **St. Valentin** ~ im Ort kurz auf die Hauptstraße, dann wieder rechts ab und hinten durch den Ort ~ zurück an der Hauptstraße, diese leicht nach rechts versetzt queren ~ auf dem Waldweg leicht bergauf, die Schilder weisen nach Mals ~ beim „Vorfahrt achten" links halten ~ weiter nach Dörfl/Monteplair.

Dörfl/Monteplair

Im Ort bergauf und vor der Kirche rechts.

⚠ **Tipp**: Der Weg gabelt sich, rechts geht es nach Burgeis/Burgusio, links nach Mals/Malles, beide Möglichkeiten werden in der Folge beschrieben. Die Route über Burgeis bleibt in der Nähe der Etsch. In Glurns treffen beide Varianten wieder zusammen

Über Burgeis/Burgusio

An der Bundesstraße links ~ nach rund einem Kilometer rechts ab ~ immer bergab geht es nun nach Burgeis ~ im Ort rechts halten.

Schleis

Burgeis/Burgusio

PLZ: 39024; Vorwahl: 0473

ℹ **Tourismusbüro**, ✆ 737072

🛏 **Benediktinerstift Marienberg**, ✆ 831306, oberhalb des Ortes gelegen, Führungen: April-Juni, Mo-Fr 10.45 und 15 Uhr, Sa 10.45 Uhr, Juli-Sept., Mo-Fr 10, 11, 15 und 16 Uhr, Sa 10 und 11 Uhr, Okt., Mo-Fr 10.45 und 15 Uhr, Sa 10.45 Uhr, Nov.-März nur n. V. unter 0473/831422. Um 1200 von den Grafen von Tarasp aus dem Engadin erbaut, der älteste Teil ist die Kryp-

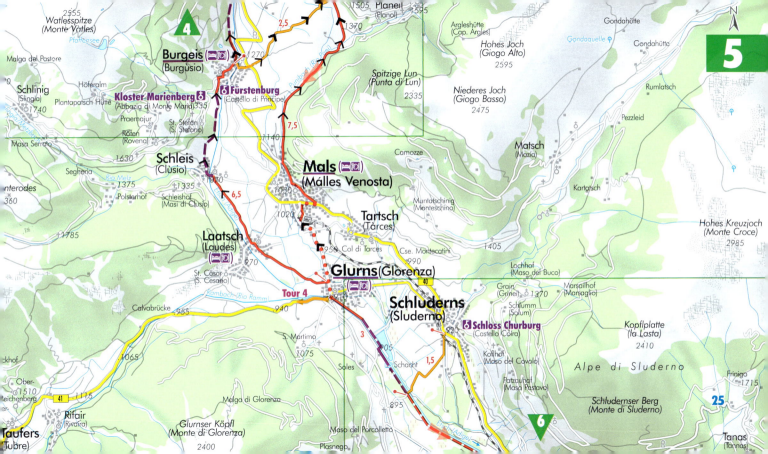

ta mit romanischen Fresken, Kreuzgratgewölbe mit Engelsfiguren. Höchstgelegenstes Benediktinerkloster der Welt. Von hier aus entwickelte sich Deutsch als Muttersprache in Südtirol.

✱ **Historischer Ortskern**
🯄 **Fürstenburg**, 1280 von den Churer Fürstbischöfen errichtet, heute eine Bildungsstätte und nicht zu besichtigen.

Durch die verwinkelten Gassen ↝ an der Kirche geradeaus vorbei ↝ an der Querstraße rechts ↝ vor der starken Steigung links ↝ hinter der Burg wird das Gelände nun etwas unwegsamer ↝ über diesen Weg nach Schleis/Clusio.

Schleis/Clusio

Im Ort links halten ↝ über die Etsch ↝ bei der Kirche rechts in den asphaltierten Weg nach Laatsch/Laudes ↝ im Ort links auf die Ortsdurchfahrtsstraße und vor der Kirche wieder rechts in die Sackgasse ↝ bei der nächsten Weggabelung erneut rechts ↝ auf einem Güterweg nach Glurns/Glorenza, hier

Glurns

treffen sich die beiden Routen wieder.

Über Mals/Malles

An der Weggabelung hinter **Dörfl/Monteplair** links nach Mals halten ↝ durch ein schönes Waldstück bergauf ↝ an der Vorfahrtsstraße bei den Häusern rechts ↝ bergab nach **Ulten/Ultimo** ↝ rechts auf die Vorfahrtsstraße ↝ den Wegweisern nach Mals folgen ↝ im Ort an der Querstraße nach links und weiter bergab.

Mals/Malles
PLZ: 39024; Vorwahl: 0473

ℹ️ **Tourismusbüro**, ☎ 737070
🯄 **St. Benedikt-Kirche**, St.-Benedikt-Str. 31, ÖZ: Mo 14-15 Uhr, Di 9.30-10.30 Uhr, Mi 18.30-19.30 Uhr, Do 9.30-10.30 Uhr, im Rahmen der Dorfführung: Juli, Fr 15 Uhr, Aug., Fr 16 Uhr. Kirchenbau aus dem 8. Jh. mit wertvollen karolingischen Fresken, die zu den ältesten im gesamten deutschen Sprachraum zählen.
🯄 **St. Martin**, mit einem romanischen Turm aus dem 12. Jh., Kir-

Churburg oberhalb Schluderns

changer und Friedhof.
🯄 **Fröhlichsturm**, Bergfried aus dem 12. Jh., Überrest einer Burganlage

Einst waren die Ortschaften Mals und Glurns zwei wichtige machtpolitische Zentren im Obervinschgau. Im Mittelalter war Mals der Gerichtssitz der Bischöfe von Chur, Glurns hingegen war in der Hand der Landesfürsten. Heute ist Mals eindeutig das wirtschaftliche und politische Zentrum des Obervinschgaus und bietet sich mit seinen verwinkelten Gassen und den hübsch gemauerten Häusern zu einem gemütlichen Stadtrundgang an.

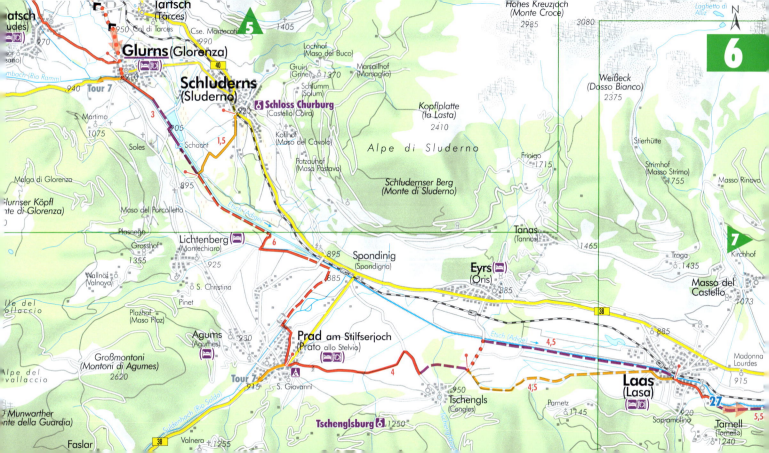

Von der Bahnhofsstraße gleich wieder rechts ~ der Straße nach Glurns folgen.

Glurns/Glorenza
PLZ: 39020; Vorwahl: 0473

🛈 **Tourismusbüro**, ✆ 737073

⬛ historischer, mittelalterlicher **Stadtkern**

⛪ **Pfarrkirche St. Pankratius**, spätgotischer Bau mit einem romanischen Kirchturm und barockem Helm.

Glurns ist heute mit seinen 850 Einwohnern verständlicherweise die kleinste Stadt Südtirols. Im 13. Jahrhundert wurde Glurns von den Landesfürsten auserkoren, der Sitz einer Gegenbewegung gegen die mächtigen Fürstbischöfe aus Chur zu sein. Wirtschaftlich erblühte Glurns, 1304 zur Stadt ernannt, im Mittelalter, unter anderem aufgrund ihres Stapelrechts für den Salzhandel. 1499 wurde das Städtchen vom Schweizer Heer im Zuge eines Plünderzuges zerstört, aber in der Folge von den Habsburgern wieder neu errichtet. Dieses mittelalterliche Stadtbild hat sich das Städtchen bis heute erhalten.

Von Glurns/Glorenza nach Laas/Lasa   17,5 km

Auf der Hauptstraße durch den Ort ~ vor

Laas

der Brücke über die Etsch führt die Route links weg ~ nach rund 1,5 Kilometern ans andere Ufer wechseln, asphaltiert ~ am Tosbecken der Etschwerke vorbei, danach wieder unbefestigt ~ an der Querstraße geradeaus, nach links geht's nach Schluderns.

Schluderns/Sluderno
PLZ: 39020; Vorwahl: 0473

🛈 **Tourismusbüro**, ✆ 737074

🏛 **Vinschger Museum**, ✆ 615590, ÖZ: 20. März-31. Okt., Di-So 10-12 Uhr und 15-18 Uhr. Thema: Einmaligkeit des Tales im öko-sozial-kulturellen Bereich, kleinbäuerliches Ambiente.

Es sind auch Teile der Grabungen vom Ganglegg ausgestellt – dabei handelt es sich um eine mehr als 2.000 Jahre ununterbrochen bewohnte Siedlung nördlich von Schluderns, die im 1. Jh. v. Chr. verlassen wurde.

🏛 **Rüstungssammlung in der Churburg**, ÖZ: 20. März-31. Okt., Di-So 10-12 Uhr und 14-16.30 Uhr. Thema: Rüstkammer mit Rüstungen und Waffen der Burgherren.

⛫ **Churburg**, ✆ 615241 (Fam. Tschenett), ÖZ: 20. März-31. Okt., Di-So 10-12 Uhr und 14-16.30 Uhr, Besichtigung nur mit Führung. Im 13. Jh. unter den Bischöfen von Chur errichtet, seit Beginn des 16. Jhs. bis heute im Besitz der Grafen von Trapp, von diesem Geschlecht zu einer der schönsten Renaissance-Schlösser Südtirols umgestaltet, mit Nikolauskapelle und Kreuzgratgewölbe.

Nach zirka 2 Kilometern weisen die Schilder rechts nach Prad/Prato vom Etschdamm weg ~ die Straße wird asphaltiert ~ nach der Brücke links halten ~ es wird wieder unbefestigt, weiter geradeaus ~ an Teichen entlang ~ es folgt ein starker Rechtsbogen, der Weg wird recht schlecht befahrbar ~ von dem großen Platz aus geradeaus und an der nächsten Weggabelung rechts halten, Schild ist vorhanden ~ weiter an den Fischteichen entlang ~ auf der asphaltierten Straße links halten

Schlanders

am Sportzentrum vorbei und dann links über die Holzbrücke nach der Brücke geradeaus und bei der nächsten Querstraße rechts.

Prad/Prato
PLZ: 39026; Vorwahl: 0473

- Tourismusbüro, ✆ 737062
- **Burgruine Lichtenberg**, die ehemalige Trutzfeste der Grafen von Tirol gegen den Bischof von Chur stammt aus dem 13. Jh.
- **St. Georgskirche**, Wallfahrtskirche, die ursprünglich gotische Kirche wurde um 1500 neu errichtet und barock ausgestattet.
- **St. Johann Kirche**, romanischer Bau mit abgesetzter Rundapsis und flacher Decke im Langhaus. Romanische Fresken vorhanden. Führungen: April-Okt Mi 10 Uhr, Anmeldung im Tourismusverein erforderlich.
- **Kapelle St. Christina** (Schlüssel im Haus unterhalb der Kapelle).
- **Aquaprad**, Besucherinformationszentrum des Nationalparks Stilfserjoch mit dem Ausstellungsthema „Wasserwelten", Fische im Gebirge, Aquarien und Seen und einheimische Fische. Dauerausstellung zum Nationalpark Stilfserjoch.

Auf dem **Sandweg/Via Arena** zur **Silberstraße/Via Argentieri** geradeaus und danach gleich links in den **Dornweg/Via delle Spine** auf diesem Sträßlein aus Prad hinaus an der ersten Querstraße nach rund 2,5 Kilometern rechts einbiegen bevor es nach **Tschengls/Cengles** hinaufgeht den Schildern links in einen unbefestigten Weg folgen an der Straße von Tschengls nach Eyrs links vor bis an die Etsch am Fluss rechts auf dem unbefestigten Radweg bis nach Laas hinein links geht es über die Brücke in die Ortsmitte, für die Weiterfahrt diesseits von Bahn und Fluss bleiben

Steinbrücke sogleich links in einen unbefestigten Weg nach der Etschquerung nach **Bruck/Al Ponte** am linken Ufer entlang nach zirka einem Kilometer ans andere Ufer noch ein kurzes Stück ohne Asphalt am rechten Ufer auf einem asphaltierten Weg nach Göflan.

Göflan/Covelano
Im Ort links und nach der Etsch wieder rechts, ein grünes Raiffeisen-Schild weist den Weg am Ortsende links halten an der Kreuzung mit den

vielen Abzweigungen auf den asphaltierten Weg schräg nach rechts Richtung **Morter** ~ an der Querstraße rechts, links geht es nach Schlanders.

Schlanders/Silandro
PLZ: 39028; Vorwahl: 0473
- **Tourismusbüro**, ✆ 737050
- **Schlandersburg**, am Sonnenberg gelegen, Renaissancebau aus dem 16. Jh. Heute ist das Schloss in Privatbesitz. Herrschaftliche Wohnungen wurden darin errichtet.
- **Pfarrkirche Maria Himmelfahrt**, 1505 im neubarocken Stil restauriert, besitzt sie den höchsten Kirchturm Tirols mit 97 m, das Wahrzeichen vom Hauptort des Vinschgaus.
- **Spitalkirche**, der gotische Bau aus dem 14. Jh. wurde nach einem Brand 1514 neu errichtet und bekam einen Spitzturm verliehen, im Innern sehr kostbar die Fresken aus dem 13. und 16. Jh.

Von Schlanders weiter nach Morter ~ nach der Brücke gleich links ~ an der Straßengabelung rechts nach Morter ~ über die Gleise ~ durch die Apfelplantagen nach Morter.

Morter
PLZ: 39021; Vorwahl: 0473
- **Tourismusbüro Latsch**, ✆ 737030
- **Burg Obermontani**, als Trutzburg im 13. Jh. gegen die Bischöfe von Chur errichtet, bekannt als Fundort einer Handschrift des Nibelungenliedes.
- **Kapelle St. Stefan**, ✆ 742344, Besichtigung: 11 und 15 Uhr n. tel. V. Mit Fresken aus dem 15. Jh. der lombardischen, niederländischen und schwäbischen Schule sowie einer bayerischen Holzdecke.

In Morter an der Kreuzung geradeaus in die **Platzergasse** ~ an der nächsten Querstraße weiterhin geradeaus auf der Platzergasse ~ nach ein paar verwinkelten Gassen rechts hinauf zum Bierkeller Latsch ~ an der Hauptstraße geradeaus hinüber ~ nach der Brücke weiter auf einem schmalen Pfad ~ der Pfad teilt sich, der linke Teil ist ein wenig besser befahrbar, sie treffen aber beide wieder zusammen ~ an der Asphaltstraße rechts bzw. geradeaus ~ immer dem Straßenverlauf bergab folgen ~ an der Weggabelung der Rechtskurve folgen ~ immer bergab ~ beinahe unten im Tal angelangt gabelt sich der Weg, den Rechten (bei Bank und Kreuz) nehmen ~ in Latsch/Laces an der Vorfahrtstraße geradeaus ~ an der Straßengabelung links ~ dem Straßenverlauf bis zur kleinen Kirche folgen, dann rechts auf die Hauptstraße am Gasthof Lamm vorbei.

Latsch/Laces
PLZ: 39021; Vorwahl: 0473
- **Tourismusbüro**, ✆ 737030
- **Spitalkirche zum Hl. Geist**. Die Kirche beherbergt einen Flügelaltar des schwäbischen Meisters Jörg Lederer (1524) sowie Freskenzyklen aus der 1. Hälfte des 17. Jh.s. ÖZ: ganzjährig. Schlüssel im nebenanliegenden Seniorenheim „Annaberg".
- **Bildungshaus Schloss Goldrain**, Führungen: Ostern-Okt. jeden Do 16 Uhr. Die ursprünglich romanische Burganlage wurde im 16. Jh. von den Grafen Hendl umgestaltet, verschiedene Stilelemente, Gotik, Renaissance und Barock weisen das Bauwerk aus, heute finden hier kulturelle und musikalische Veranstaltungen

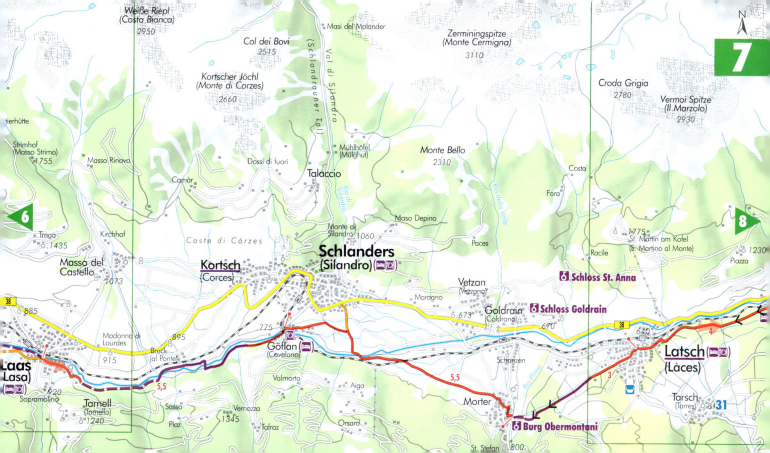

statt, und dient als Bildungshaus.
- 🕍 **St. Medardus**, Kirche in Tarsch, ÖZ: Ostern-Mitte Sept., Di u. Do 14-17 Uhr. Wurde über einem prähistorischen Quellheiligtum erbaut.
- 🕍 **Bichlkirche**, Führungen Ostern-Okt. Mo 15 Uhr., Treffpunkt vor dem TV Latsch. Die Kirche beherbergt einen über 5 000 Jahre alten Menhir. Um diesen Stein wurde die Kirche neu gestaltet.
- ✱ **Seilbahn St. Martin am Kofel**, ✆ 622212. Das Dörfchen St. Martin ist ein Wallfahrtsort, der auf ein Höhlenheiligtum zurückgeht.

Schloss Dornsberg

Von Latsch/Laces nach Naturns/Naturno 13 km

Auf der Ortsdurchfahrtsstraße durch Latsch ↝ nach der Kirche rechter Hand kurz vor dem Ortsende rechts dem Radwegschild folgen ↝ daraufhin gleich wieder in die erste Straße links ↝ an der nächsten Weggabelung links halten ↝ bei der daraufolgenden Weggabelung den linken unteren wählen ↝ immer gerade am Hang, dann kräftig bergab nach Kastelbell/Castelbello.

Kastelbell/Castelbello
PLZ: 39020; Vorwahl: 0473
- ℹ️ **Tourismusbüro**, ✆ 737020
- 🕍 **Schloss Kastelbell**, ÖZ: Ostern-31. Okt., Inormation zu den Führungen im Tourismusbüro. 1238 erbaut von den Herren von Montalban, im 19. Jh. abgebrannt und neu errichtet.

Unten an der Querstraße bei der Kirche rechts ↝ in der Kurve bei der kleinen Kirche und beim Gstirnerhof links abbiegen ↝ vor dem Umspannwerk links ↝ beim **Auenweg/Via delle Piagge** vor der Bahn rechts ↝ nach gut 3 Kilometern auf Höhe des zweiten Bahnüberganges rechts.

Tschars/Ciardes
- 🏛 **Schloss Juval**, hoch über dem Eingang ins Schnalstal gelegen, ✆ 221852 (Anmeldung Mo-Fr 9-12 Uhr), ÖZ: Palmsonntag-30. Juni, Sept.-Anfang Nov., Do-Di 10-16 Uhr. In dem von Hugo von Montalban im 13. Jh. errichteten Bauwerk residiert seit 1983 Reinhold Messner. Thema: Tibetika-Sammlung, Bergbildgalerie, Maskensammlung aus verschiedenen Kontinenten usw.

Bei der nächsten Abzweigung links in den

Pedruiweg ↝ an der darauffolgenden Straßengabelung rechts halten nach Naturns ↝ in Kurven durch die Obstgärten ↝ an der Querstraße links Richtung Staben/Stava.

Vor den Gleisen und der Etsch wieder rechts dem Straßenverlauf halb rechts folgen ↝ an der Querstraße nach **Kompatsch/Compaccio** geradeaus ↝ nach rund einem Kilometer ist die Querstraße nach Naturns, das zur Linken liegt, erreicht ↝ für die Weiterfahrt nach rechts wenden.

Naturns/Naturno
PLZ: 39025; Vorwahl: 0473
- ℹ️ **Tourismusverein**, Rathausstr. 1, ✆ 666077
- 🏛 Archäologische Ausstellung und gotische Fresken im Bür-

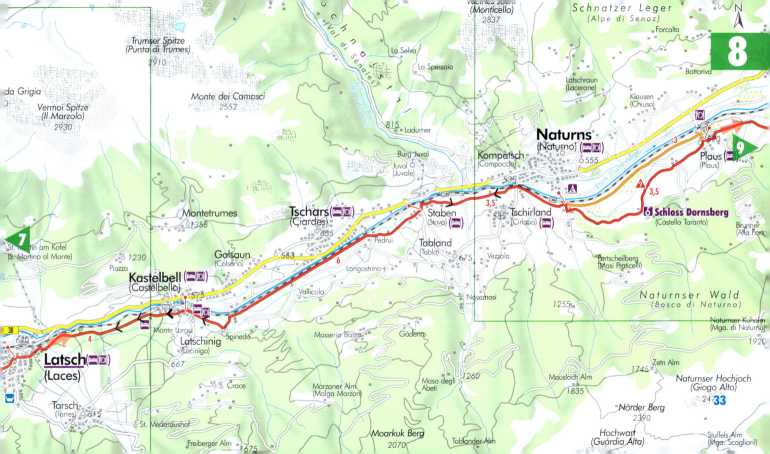

ger- und Rathaus, ✆ 667312, ÖZ: Ende März-Ende Okt., Mi 14-18 Uhr. Archäologische Ausstellung und gotische Fresken von St. Prokulus aus dem 14. Jh.

- **St. Prokulus-Kirche**, ✆ 667312, ÖZ: Ende März-15. Okt., Di-So 9.30-12 Uhr und 14.30-17.30 Uhr. Hier befinden sich die ältesten Fresken des deutschen Sprachraums, sie entstanden vorkarolingisch zwischen 720 und 770. Die Kirche liegt direkt an der Via Claudia Augusta.
- **Naturparkhaus Texelgruppe**, Feldg. 3, ✆ 668201, ÖZ: Ende März-Ende Okt., Di-Sa 9.30-12.30 Uhr und 15.30-18 Uhr. Informationsstelle, die in Bild und Text, Video und Tonbildschauen über die Naturparks Südtirols informiert, im Besonderen über den Naturpark Texelgruppe.

Von Naturns/Naturno nach Meran/Merano 15,5 km

Vor dem Sportplatz nach links wenden ⇢ dem Straßenverlauf zum Schloss Dornsberg/Castello Taranto folgen ⇢ unterhalb des Schlosses links halten ⇢ ⚠ an der nächsten Abzweigung rechts (kein Schild) ⇢ in **Plaus** links ⇢ gegenüber der Kirche in den **Gröbenweg/Via Gröben** ⇢ an der nächsten Abzweigung links halten, danach folgt ein Rechtsbogen ⇢ an der Abzweigung zum Mehringerhof links, Radschild ist vorhanden.

Meran

Rabland/Rabla
PLZ: 39020; Vorwahl: 0473
- **Tourismusverein Partschins**, ✆ 967157
- **Jakobskirchlein** aus dem Jahre 1513

Töll/Tel
PLZ: 39020; Vorwahl: 0473
- **Tourismusverein Partschins**, ✆ 967157
- **St. Helena-Kirchlein**. In dem einfachen Bau befinden sich neugotische Altäre, die dem Hl. Nepomuk und dem Hl. Valentin geweiht sind.
- **Heimatkundliches Museum**, bei der Südtiroler Kunstkeramik, ÖZ: Mo, Fr 8-12 Uhr und 13.30-17.30 Uhr, Sa 9-12 Uhr. Gezeigt wird die Herstellung handgearbeiteter und handbemalter Keramiken.

Partschins/Parcines
PLZ: 39020; Vorwahl: 0473
- **Tourismusverein Partschins**, ✆ 967157
- **Peter Mitterhofer Schreibmaschinen-Museum**, in der Grundschule, Kirchplatz 10, ✆ 967581, ÖZ: Mo, Fr 15-18 Uhr, Di, Do 10-12 Uhr und 15-18 Uhr, Sa 10-12 Uhr. Ausgestellt werden über 100 historische Schreibmaschinen.
- **Partschinser Wasserfall**, der fast 100 m hohe Wasserfall zählt zu den schönsten und höchsten Wasserfällen Südtirols.

Nach zirka 800 Metern, noch vor der Etschbrücke, links in die **Alte Landstraße** Richtung Plars ⇢ auf der Hauptstraße durch Plars.

Plars
An der Vorfahrtsstraße in der Kurve rechts ⇢ an der Kirche vorbei und zur Bundesstraße vor ⇢ links auf die Bundesstraße und in die erste Straße, die **Lange Gasse**, gleich wieder rechts ⇢ gegen Ortsende links halten und unter der Bahn hindurch auf einem Anliegerweg nach Meran hinein ⇢ an der größeren Straße rechts und direkt am Friedhof entlang ⇢ unter der Bahn hindurch zur **Piazza Mazzini** ⇢ auf der **Freiheitsstraße/Corso della Libertà** ins Zentrum.

Meran/Merano
PLZ: 39012; Vorwahl: 0473
- **Tourismusverband Meraner Land**, Freiheitsstr. 45, ✆ 239008
- **Kurverwaltung**, Freiheitsstr. 35, ✆ 272000

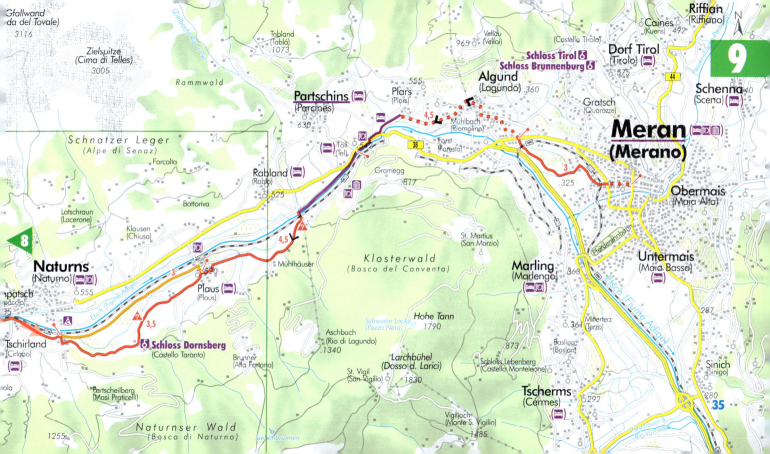

🏛 **Landesfürstliche Burg**, Galileistraße/Burghof, ✆ 237834, ÖZ: eine Woche vor Ostern-Ende Okt., Mo-Fr 9.30-12 Uhr und 14-18 Uhr, Sa 9-12 Uhr. Historische Musikinstrumentensammlung, gotisches Mobiliar.

🏛 **Städtisches Museum**, Galileistr. 43, ✆ 237834, ÖZ: Mo-Fr 10-12 Uhr und 15-18 Uhr, Sa 10-12 Uhr. Lokalmuseum mit Abteilungen zur Ur- und Frühgeschichte, Volkskunde, Skulpturen, Gemälden vom 17.-20. Jh. (Tiroler Herkunft)

🏛 **Museum für Kleid und Tand aus 100 Jahren**, Lauben 68 (1. Stock), ✆ 231216, ÖZ: März-Dez., Mo-Fr 9.30-12.30 Uhr und 14.30-18.30 Uhr, Sa 9.30-13 Uhr

🏛 **Jüdisches Museum und Synagoge**, Schillerstr. 14, ✆ 236127, ÖZ: Di, Mi 15-18 Uhr, Do 9-12 Uhr, Fr 15-17 Uhr. Schilderung der jüdischen Kultusgemeinde Meran in der Zeit von der Jahrhundertwende bis zum Zweiten Weltkrieg.

⛪ **Landesfürstliche Burg**, Galileistraße/Burghof, ✆ 237834, ÖZ: eine Woche vor Ostern-Ende Okt., Mo-Fr 9.30-12 Uhr und 14-18 Uhr, Sa 9-12 Uhr. Die im 15. Jh. umgebaute Residenz der Tiroler Landesfürsten diente diesen als Wohndomizil bei ihrem Aufenthalt in der Stadt.

⛪ **Schloss Tirol**, oberhalb von Meran gelegen, ✆ 220211, ÖZ: 23. März-16. Nov., Di-So 10-17 Uhr. Die Fürstenresidenz – Stammschloss des Landes Tirol – stammt aus dem 12. und 13. Jh., im Stil der staufischen Reichsburgen errichtet.

Vorfahre Merans war das römische Militärlager castrum Maiense, das an der Kreuzung zweier wichtiger Handels- und Heerstraßen errichtet wurde. An diesem Ort nahe der Mündung der Passer zogen Handelsreisende und Soldaten auf der Via Claudia Augusta zum Reschenpass oder durch das Passeier Tal Richtung Brenner.

Am Fuße des Küchelberges, auf dem die Tiroler Grafen im 12. Jahrhundert ihre Hauptburg erbauten, entstand das heutige Meran, das im 13. Jahrhundert Residenz wurde. Der Beginn des 14. Jahrhunderts bescherte der neugebackenen Residenz dann auch bald die Stadtrechte. Aber rund 100 Jahre später wurde die Residenz nach Innsbruck verlegt und auch Bozen überflügelte Meran bald an Bedeutung aufgrund der immer verkehrsgünstigeren Lage. Lange Zeit konnte sich Meran nicht mehr aus seinem Dornröschenschlaf befreien, bis endlich zu Beginn des 19. Jahrhunderts das „Kuren" beim Adel und bald auch beim wohlbetuchten Bürgertum in Mode kam.

1881 wurde das zum Kurort wiederbelebte Städtchen mit der Eröffnung der Eisenbahnlinie Meran-Bozen an das europäische Bahnnetz angeschlossen und erfuhr bis zum Ende der Habsburg-Monarchie einen enormen Aufschwung. Die Entwicklung stagnierte jedoch in der ersten Hälfte des 20. Jahrhunderts und erst der Massentourismus in den 1960-er Jahren brachte wieder Schwung in die Meraner Wirtschaft.

Heute zählt Meran über 30.000 Einwohner und ist damit die zweitgrößte Stadt Südtirols. Ziemlich hektisch geht es in dem quirligen Städtchen zu, dessen Bewohner sich heute zur Hälfte jeweils zur deutsch- oder italienischsprachigen Bevölkerungsgruppe zählt.

Tipp: Weitere Informationen bzw. Beschreibungen zur Streckenführung finden Sie in den *bikeline*-Radtourenbücher **Etsch-Radweg** und **Via Claudia Augusta**.

Meran

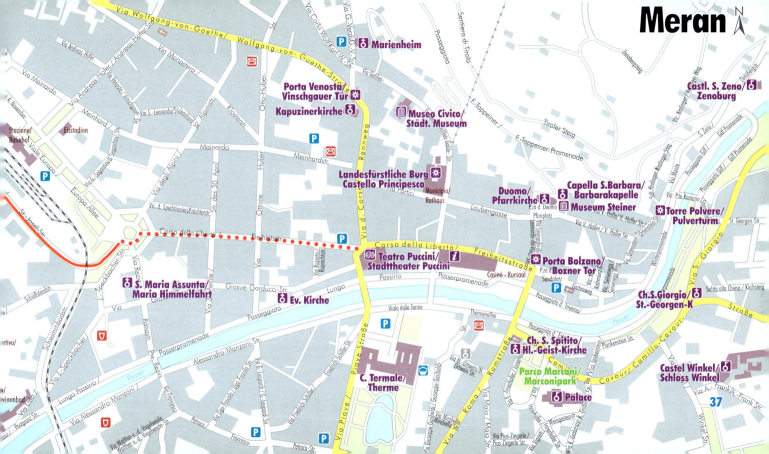

Tour 2 — Der Inntal-Radweg

Der Inn-Radweg im Engadin geleitet Sie durch ein atemberaubendes und imposantes Alpenpanorama. Rundherum erheben sich mächtig die Zwei- und Dreitausender und dazwischen schmiegen sich schmucke Engadiner Dörfer an die Hänge. Nach den teils einsamen und naturbelassenen Gegenden des Engadins erwartet Sie das österreichische Inntal mit Burgen und Klöstern.

Charakteristik

Länge: 146 km
Start: Maloja
Ziel: Landeck. Sie können aber auch schon in Martina nach Nauders fahren, denn dort können einige andere schöne Radtouren in die Regionen der 3 Länder Rad & Bike Arena gestartet werden.
An- & Abreise: (Bahn, Auto): Mit der Bahn bis St. Moritz und vom Bahnhof aus den Engadin Bus, Linie 4 bis Maloja nehmen.

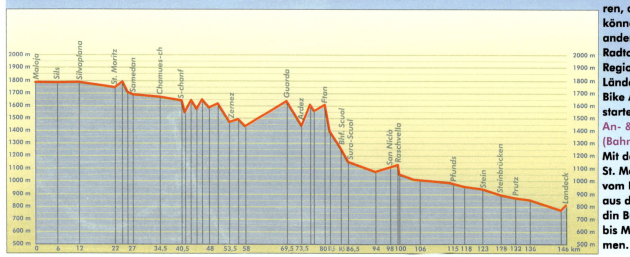

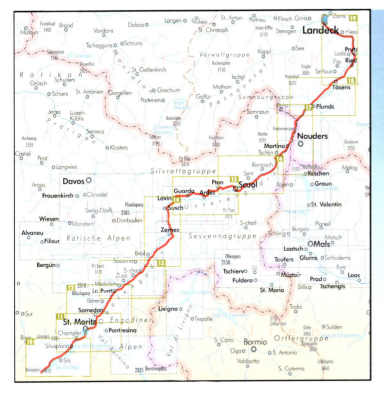

Wegbeschaffenheit: Asphalt-, Schotter- und Kieswege, unbefestigte Waldwege

Verkehr: Vom Malojapass bis St. Moritz verläuft die Route zum Teil auf der Hauptstraße, danach immer ziemlich nahe am Inn entlang, größtenteils auf Radwegen oder kleineren Landstraßen mit geringem Verkehrsaufkommen. Erst wieder von Martina bis Pfunds auf einer stärker befahrenen Straße.

Steigungen: Vom Malojapass anfangs eher bergab, rund um St. Moritz teilweise stärkere Steigungen, im ständigen Auf und Ab geht es bis nach San Niclà, danach bis kurz vor Landeck fast nur bergab.

Beschilderung: In der Schweiz ist die Route mit rot-blauen Schildern mit der Nummer 6 ausgeschildert. Auf dem Abschnitt in Österreich befinden sich Schilder mit der Bezeichnung „Inntal-Radweg".

Kombinierbar: Anbindung an Tour 1, 3, 4, 5 und 6

Vom Malojapass nach Samedan 27 km

Der Ausgangspunkt der Tour befindet sich am Maloja-Pass. Gestartet wird beim Parkplatz des Kur- und Verkehrsverein in Maloja.

Maloja
PLZ: CH-7516; Vorwahl: 081
- **Kur- und Verkehrsverein**, ✆ 8243188
- **Lunghin See**, empfehlenswerte Wanderung – 2,5 Stunden Aufstieg
- **Hochmoorreservat**

Rechts auf die Hauptstraße Richtung St. Moritz ~ durch den Ort und dann auf der linken Seite des Sees entlang (am rechten Ufer befindet sich nur ein schmaler Wanderweg) auf der Straße die, abhängig von Tages- und Jahreszeit, sehr viel Verkehr aufweisen kann ~ es geht eben dahin ~ kurz vor **Plaun da Lej** eine Linkskurve und ein leichtes Gefälle ~ hier gibt es Restaurant und einen Yachthafen ~ die Straße ist recht schmal und führt eng und stetig bergab zwischen See und Berg dahin ~ am Ende des Sees rechts nach Sils (Segl-Maria) und **Baselgia**.

Sils
PLZ: CH-7514; Vorwahl: 081
- **Verkehrsverein**, ✆ 8385050
- **Robbi-Museum**, ✆ 8266332, ÖZ: in der Saison Mo-Sa 16-18 Uhr. Es befinden sich darin Werke des Silser Malers Andrea Robbi (1864-1945) und des Fexer Malers Samuele Giovanoli (1877-1941).
- **Bergkirche Crasta**, Fresken aus dem 16. Jh., Schlüssel im Restaurant Sonne oder in der Pension Crasta.
- **Nietzsche-Haus**, ✆ 8265369, ÖZ: in der Saison Di-So 15-18 Uhr. Zu sehen gibt es Originalschriften, Briefe oder Erstausgaben des Friedrich Nietzsche, der sich 1881-88 in Sils aufgehalten hat.
- **Alpengarten Muot Marias**, befindet sich auf dem bewaldeten Hügel im Dorfzentrum, Juni-Aug. geführte Rundgänge. Es können über 200 Pflanzenarten aus dem Engadin bestaunt werden.

In Sils-Maria kann man Bauweisen der verschiedensten Epochen bewundern, denn die alten Häuser sind sehr gut erhalten. In diesem idyllischen Ort ließen sich Berühmtheiten wie Thomas Mann, Hermann Hesse, Jean Cocteau oder Friedrich Dürrenmatt von den majestätischen Bergen, den Wiesen und Wäldern und natürlich vom Silser See inspirieren.

Rechts über die Brücke ~ nach dem Hotel Margna und der Bushaltestelle links auf den Kiesweg mit Radbeschilderung ~ geradeaus über die Asphaltstraße und die Brücke ~ nach der Brücke gleich links Richtung Seilbahn Furtschellas ~ Radschilder sind vorhanden ~ an der nächsten Straßengabelung rechts und weiter Richtung Seilbahn Furtschellas ~ vor der Seilbahn geradeaus auf den unbefestigten Land- und Forstwirtschaftsweg, der direkt auf den See zuführt ~ weiter auf diesem Weg direkt am See, es geht immer etwas auf und ab ~ auf der kleinen Brücke über einen kleinen Bach und dem Weg folgen.

Ein kurzes Steilstück dann wieder unten direkt am See entlangfahren ~ der Weg entfernt

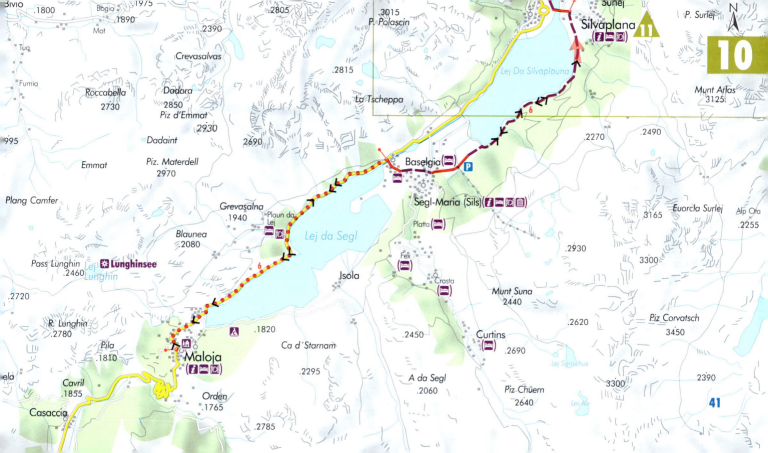

sich vom See und führt in die Wiesen ~ auf Höhe eines kleinen Schlosses geht der Weg auf Asphalt über ~ an der Vorfahrtsstraße den Radschildern nach links folgen.

Silvaplana
PLZ: CH-7513; Vorwahl: 081

- **Touristinformation**, ✆ 8386000
- **Marienkirche**, spätgotisch, reformierte Kirche, Werk des Tiroler Baumeisters Stefan Klein aus dem Jahre 1491.
- **Annakirche**, katholische Kirche aus dem Jahre 1962.

Silvaplana war ein wichtiger Übernachtungsort für Reisende, Kaufleute und Händler, die über den Maloja- oder Julierpass kamen. Das eigentliche Dorf befand sich in Surlej, welches aber im Jahre 1793 verschüttet und überschwemmt wurde. Die Leute flüchteten nach Silvaplana und errichteten neue Häuser – darum ist das Dorfbild, mit einigen Ausnahmen, nicht sehr alt.

Beim nächsten See geradeaus weiterfahren ~ nach der Brücke rechts ~ den Radschildern folgend auf einen Kiesweg direkt am Seeufer ~ dieser Kiesweg, ein Rad- und Fußweg, führt dann weiter direkt zwischen Straße und See ~ der Weg entfernt sich dann von der Straße ~ er

führt wieder an einem See entlang ~ weiter Richtung andere Seite des Tales in einem Linksbogen und schließlich am linken Innufer entlang ~ bei der Brücke rechts hinüber ~ nach der Brücke links in den gekiesten Rad und Fußweg ~ der Radweg steigt zuerst leicht, dann kräftiger an und fällt dann wieder ab ~ beim Eingang vom Campingplatz beginnt eine Asphaltstraße ~ hier nach links über den Inn ~ kurz nach der Brücke und kurz vor der Bundesstraße rechts in den Rad- und Fußweg ~ nach dem Parkplatz ist der Weg unbefestigt, gekiest ~ der Weg führt etwas von der Hauptstraße weg und um den Sportplatz herum ~ an der Tennishalle vorbei und auf Höhe der Tennishalle auf Asphalt ~ am Casino und am Grand Hotel Kempinski vorbei.

Vor dem Kreisverkehr den Radschildern rechts folgen, also nicht zum Kreisverkehr hin, und davor geradeaus weiter ~ in die nächste Straße, die **Via Rosatsch**, links hinein ~ beim Schild „Vorfahrt achten" links.

Weiter zum Kreisverkehr und gleich in die erste Straße rechts ~ rechts befindet sich ein sehr breiter Gehsteig, vermutlich ein Rad- und Fußweg ~ dieser Weg führt direkt zwischen Straße und See am Seeufer.

St. Moritz
PLZ: CH-7500; Vorwahl: 081

- **Kur- und Verkehrsverein**, ✆ 8373333
- **Engadiner Museum**, Via dal Bagn 39, ✆ 8334333, ÖZ: Juni-Okt., Mo-Fr 9.30-12 Uhr und 14-17 Uhr, So 10-12 Uhr, Dez.-April, Mo-Fr 10-12 Uhr und 14-17 Uhr, So 10-12 Uhr. Im Haus, im Engadiner Stil erbaut, gibt es Einblicke in die frühere Lebensweise.
- **Segantini Museum (1908)**, Via Somplaz 30, ✆ 8334454, ÖZ: Juni-Okt., Dez.-April Di-So 10-12 Uhr und 15-18 Uhr. Dieses Museum ist dem Maler Giovanni Segantini gewidmet, der seine letzten fünf Jahre hier verbrachte. Besonders sehenswert ist das Triptichon „La vita, la natura, la morte".

🏛 **Mili-Weber-Haus**, Via Dim Lej 35, ✆ 8333186. In diesem romantischen Haus sind Gemälde, Skizzen und Bildergeschichten der Künstlerin zu sehen.

🗼 **Schiefer Turm** (12. Jh.). Dies ist der 33 m hohe Restturm der 1890 abgebrochenen St.-Mauritius-Kirche. Er neigt sich in einem Winkel von 5,5 Grad.

❄ **Chesa Veglia** (1658). Ein originales altes Engadiner Bauernhaus.

❄ **Mauritiusbrunnen** (1910), Plazza Mauritius. Vom Bildhauer W. Schwerzmann in Gedenken an die Wohltäterin Baronin Goldschmidt-v. Rothschild erschaffen.

🛁 **Hallenbad**, ✆ 8336025. ÖZ: Mo-Fr 10-21.30 Uhr, Sa 10-18.30 Uhr, So/Fei 11-18.30 Uhr.

✉ **St. Moritz Bad**, ✆ 8333062: ÖZ: Mo-Fr 8-12 Uhr und 14-18.30 Uhr, Sa 8-12 Uhr. Aromabäder, Massagen, Moorpackungen.

St. Moritz wurde 1139 erstmals urkundlich erwähnt. Eine 1907 entdeckte mittelbronzezeitliche Quellfassung beweist jedoch, dass die Heilquelle schon vor mehr als 3.000 Jahren bekannt war und auch genutzt wurde.

1537 bezeichnet der berühmte Arzt Theophrastus Paracelsus diese als eine der wirksamsten in Europa. In den darauffolgenden Jahrhunderten werden immer mehr Pensionen und Hotels gebaut und 1864 entstand hier der 1. Verkehrsverein in

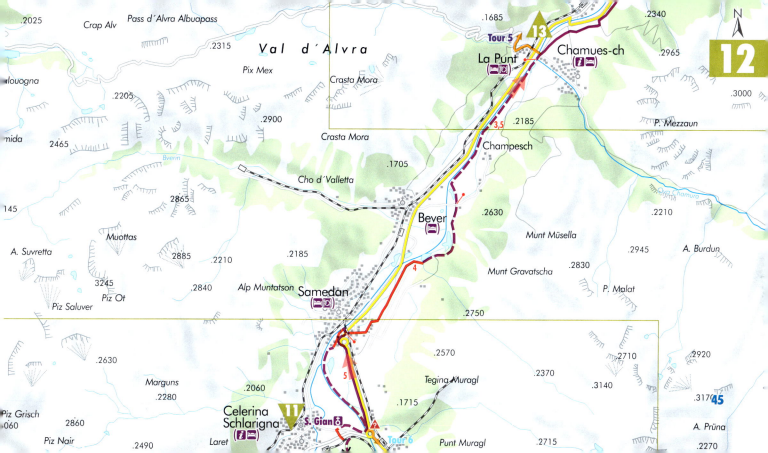

der Schweiz. Damit wurde ein wichtiger Grundstein für den Tourismus, insbesondere dem Wintertourismus und Wintersport gelegt. Bereits 1885 verfügt St. Moritz über rund 3.000 Gästebetten.

1929 wurde hier die 1. Schischule der Schweiz gegründet. 1928 und 1948 fanden hier Olympische Winterspiele statt und drei Alpine Schiweltmeisterschaften (1934, 1948 und 1974) wurden ebenfalls hier ausgetragen.

Am Ende des Sees rechts über die Brücke und dann gleich wieder linksherum ~ in einem Rechtsbogen steil hinauf ~ die Straße macht eine Linkskurve und dann eine Rechtskurve ~ weiter auf der Asphaltstraße bleiben ~ es geht weiterhin hinauf ~ nach diesem Abzweig geht es kurz hinauf und danach eben weiter.

Rechts Blick auf den See ~ die kleine Straße führt an Häusern vorbei ~ der Weg fällt zur Meierei hin ab, hier befindet sich ein Restaurant ~ vor dem Restaurant links in den Forst- und Land-

San Gian bei Celerina

wirtschaftsweg ~ es geht hinauf vorbei am Lej da Stax ~ bei der Weggabelung links ~ dem Schild nach Celerina folgen ~ weiter auf einem unbefestigten Weg, der steil bergab führt ~ bei allen Weggabelungen den Schildern der Route 6 folgen ~ in einer Linkskehre hinunter zum Bahnübergang ~ hier rechts und wieder auf Asphalt ~ auf der Brücke über die Bundesstraße ~ an einem Sägewerk vorbei ~ an der nächsten Querstraße rechts den Radschildern folgend.

Tipp: Links geht's nach Celerina.

Celerina
PLZ: CH-7505; Vorwahl: 081
🛈 Celerina Tourismus, ✆ 8300011
⛪ Kirche San Gian (14. Jh.)

An der Kirche auf dem Hügel vorbei ~ danach links in den unbefestigten Weg ~ dieser Weg führt zur Bundesstraße ~ weiter zu einer Brücke ~ auf der Brücke hinüber auf einem Radweg ~ zum Kreisverkehr.

⚠ **Tipp:** Die Hauptroute verläuft hier noch vor dem Kreisverkehr nach links entlang des Kanals. Solange die derzeitige Baustelle noch existiert, verläuft die Ausweichroute entlang der Hauptstraße.

Am Ufer entlang ~ bei den ersten Häusern von Samedan rechts ~ wieder auf Asphalt durch die Wohnanlagen ~ an der Vorfahrtsstraße liegt links Samedan.

Samedan
PLZ: CH-7503; Vorwahl: 081
🛈 Samedan Tourismus, ✆ 8510060
⛪ Kirche St. Peter
✳ Alter Turm

Von Samedan nach Zernez — 26,5 km

Hier in einem Rechtsbogen über eine Holzbrücke entlang der Eisenbahn ~ über eine Rampe wieder hinunter zur Straße ~ parallel zur Straße um nach Zernez zu kommen ~ von der Brücke kommt man rechts eines Baches in ein Gewerbegebiet ~ dort geradeaus weiter ~ an der nächsten Kreuzung geradeaus weiter, ein Radschild ist vorhanden.

Vor dem Flugplatz links, hier wird auf Skater

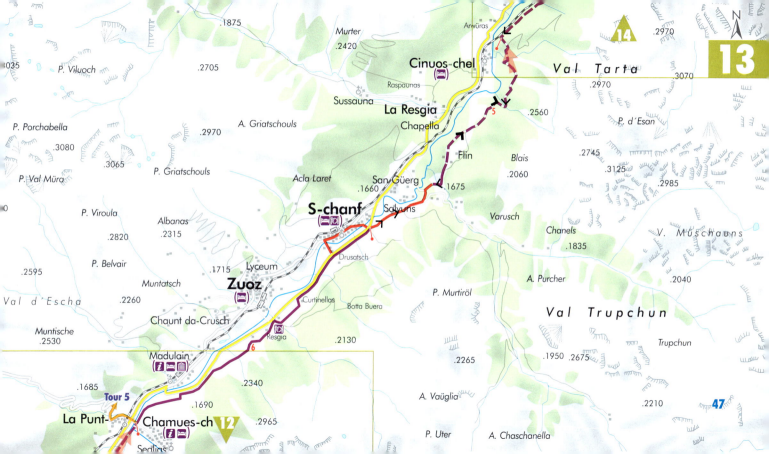

hingewiesen ~ am Flugplatzgelände vorbei ~ schnurgerade in die Wiesen hinaus ~ weiter auf dem Flugplatzgelände, rechts ist eine Lande- und Startbahn zu sehen ~ durch eine größere Baustelle hindurch ~ nach der Baustelle links weiter am Ufer vom See halten ~ der unbefestigte Weg führt an diesem See vorbei und windet sich durch die Wiesen ~ weiter zu einer Deponie rechter Hand.

Durch ein Gatter und über den Parkplatz bei der Deponie ~ geradeaus über die Asphaltkreuzung ~ wieder durch ein Gatter hindurch ~ auf dem unbefestigten Weg bis zum Inn vor ~ am Inn vorne nach rechts ~ auf diesem Weg am Inn entlang nach La Punt-Chamues.

La Punt-Chamues
PLZ: CH-7522; Vorwahl: 081
- Verkehrsbüro, ✆ 8542477
- San-Andrea-Kirche, in frühgotischem Stil, interessante Malereien und Fresken. Der Schlüssel ist beim Verkehrsbüro erhältlich.

Hier über eine Brücke ~ auf dem asphaltierten Weg geradeaus ~ an der Querstraße links ~ gleich in die nächste Straße wieder rechts ~ gegen Ortsende ist diese wieder für den Autoverkehr gesperrt ~ an der Kreuzung geradeaus weiter ~ immer dem Asphaltband folgen ~ vorbei am Restaurant Cempel sur En.

Tipp: Hier besteht die Möglichkeit einen Abstecher nach Zuoz zu unternehmen, um das Museum Caferama zu besuchen.

Zuoz
PLZ: CH-7524; Vorwahl: 081
- Touristinformation, ✆ 8541510
- Museum Caferama, in der höchstgelegenen Kaffeerösterei Europas. ÖZ: Do, Fr 14-18 Uhr.
- Kapelle San Bastiaun, im Innern spätgotische Fresken.
- Kirche San Luzi, mit Fenstermalereien von Giacometti und Casty.

1499 zwang das Dorf im Schwabenkrieg durch die „Taktik der verbrannten Erde" (bezeichnet eine Kriegstaktik, bei der eine Armee auf dem Rückzug vor dem Feind alles zerstört, was dem Gegner in irgendeiner Weise nützen könnte, manchmal auch ganze Städte) die Soldaten Kaiser Maximilians zum Rückzug. Danach musste das Dorf allerdings wiederaufgebaut werden. Viele wanderten aus,

Zwischen Zernez und Susch

machten ihr Glück in der Ferne und kehrten als reiche Leute zurück, wovon noch die prächtig verzierten Patrizierhäuser zeugen. Zuoz ist heute ein beliebter Ferienort und ein wichtiger Schulort. Sehenswert sind die Kapelle San Bastiaun mit spätgotischen Fresken, die Kirche San Luzi mit Fenstermalereien von Giacometti und Casty, sowie der Kerker und die St.-Katharina-Kirche. Die Schlüssel sind bei der Touristinformation erhältlich.

Danach rechts hinauf ~ den Radschildern linksherum folgen ~ entlang des Asphaltbandes leicht hinunter zur Bundesstraße ~ weiter parallel zur Bundesstraße bis links die Unterführung S-chanf abgeht ~ unter der Unterführung durch nach S-chanf ~ über den Inn hinüber ~ in einer leichten Steigung hinauf nach S-chanf.

S-chanf
PLZ: CH-7525; Vorwahl: 081
- Verkehrsverein, ✆ 8542255

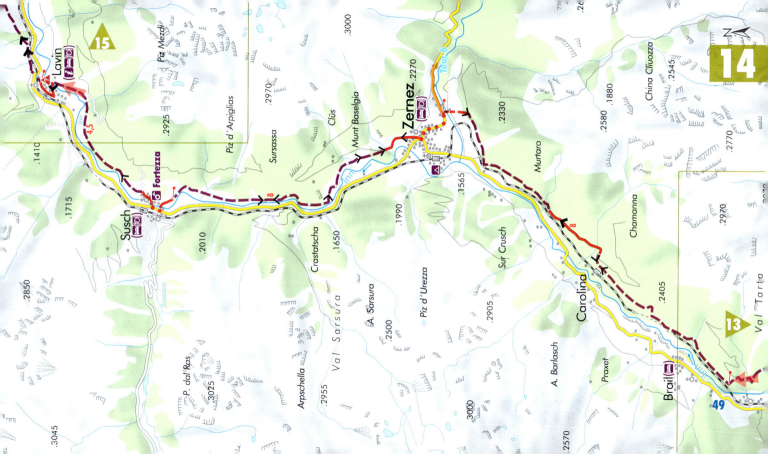

Dort links am Brunnen vorbei und an der Querstraße rechts durch den Ort hindurch ↝ vor der Kirche rechts hinunter und auf diesem Weg aus S-chanf hinaus ↝ unter der Unterführung hindurch und danach halblinks bergauf ↝ nach einer kurzen Zwischenabfahrt bei einer Gabelung nach links (Beschilderung „Zernez, Chinuos-Chel", MTB-Markierung Nr. 444) ↝ an einem Parkplatz vorbei, leicht bergab ↝ über eine Brücke.

Auf Schotter leicht bergauf ↝ nach einigen hundert Metern bei zwei Gabelungen die jeweils linke Möglichkeit ↝ bergauf zu einer Bachfurt, danach bergab ↝ der Schotterstraße weiter leicht bergab folgen ↝ nach einigen hundert Metern direkt neben der Eisenbahntrasse ↝ später wieder leicht bergauf zu einer weiteren Furt, unterhalb eine Eisenbahnbrücke ↝ in leichtem Auf und Ab weiter, bis zur Kehre einer Schotterstraße ↝ hier steil bergauf ↝ bei der nächsten Kehre gerade weiter und bergab in einen Graben mit einer Brücke ↝ danach auf Asphalt und weiter bergab ↝ Linkskehre und gerade bergauf wieder auf eine Schotterstraße ↝ über einen Bach und wieder leicht bergab ↝ bei einer Kreuzung gerade weiter ↝ durch einen Steinbruch ↝ bei einer Gabelung ohne Wegweiser der Hauptmöglichkeit leicht bergab folgen.

Nach einer Kreuzung mit einem Wanderweg stößt man auf eine Schotterstraßenkehre ↝ dem MTB-Wegweiser Nr. 444 steil bergab folgen ↝ aus dem Wald heraus und flach über eine Wiese zu einer T-Kreuzung, dort asphaltiert nach rechts ↝ nach 120 Metern eine Linkskurve und über eine überdachte Holzbrücke zur Hauptstraße ↝ links abbiegen und nach Zernez hinein.

Zernez
PLZ: CH-7530; Vorwahl: 081
🛈 **Verkehrsverein**, ✆ 8561300
🅐 **Nationalparkhaus und Nationalpark,** Informationszentrum ✆ 8561378. Der Nationalpark ist frei zugänglich. Für Führungen durch den Nationalpark ist eine Anmeldung beim Verkehrsverein spätestens bis zum Vorabend nötig. Der Nationalpark ist ein Naturreservat und dient dem Schutz der Fauna und Flora.

Der Inn bei Susch

Von Zernez nach Ardez   20 km

In Zernez fahren Sie nicht auf die Hauptstraße, sondern biegen in die Straße **Viel** ab ↝ weiter links in die **Viel da Predgia** ↝ Sie folgen dem Straßenverlauf geradeaus ↝ Sie kommen zu einer Weggabelung und nehmen den linken unbefestigten Weg, der hinunter zum Inn führt ↝ Sie radeln eine Weile am Inn entlang und durch den Wald, bis Sie **Susch** erreichen. Hier ist der Weg wieder asphaltiert ↝ Sie fahren geradeaus über eine Brücke in den Ort hinein.

Susch
PLZ: CH-7542; Vorwahl: 081
🛈 **Verkehrsverein**, ✆ 860 02 40
🅑 **Kirche St. Jon** (1515). Schöne Rokokoorgel von 1770 und romanischer Turm.
🅓 **Fortezza Rohan**, befindet sich auf dem Hügel Chaschinas, Ruine einer Sternfeste.

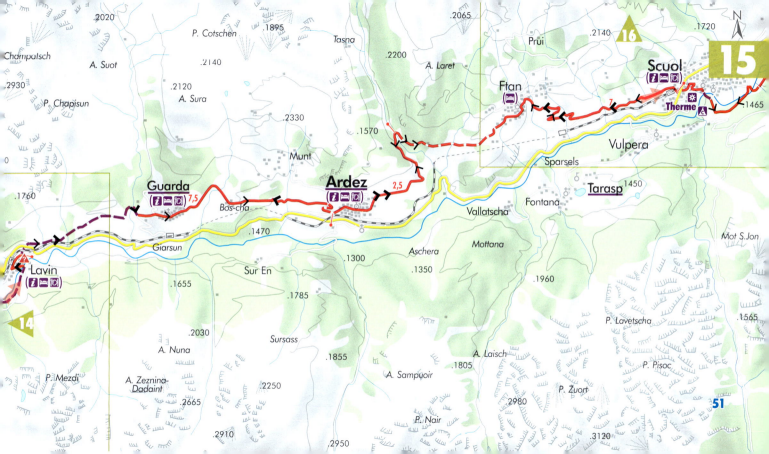

- ✼ **La Fuorcha oder Güstizia**, Galgen zwischen Susch und Zernez, Überreste sind zwei sehr gut erhaltene konische Pfeiler.
- ✼ **La Tuor**, ein ursprünglich fünfstöckiger Wohnturm in Surpunt.
- ✼ **Praschun**, Gefängnis, einstmals alter Wohnturm, seit dem Brand 1772 alleinstehend.

1161 wurde Susch erstmals urkundlich erwähnt. Es gibt sowohl prähistorische Funde auf Padnal und am Flüelapass, als auch Funde römischer Münzen. Susch überlebte drei große Brände (1772, 1900 und 1925). Heute ist es ein beliebter Wintersportort.

Im Ort kommen Sie zu einer Vorfahrtsstraße, dort rechts halten Richtung Martina/Scuol ~ rechts über die nächste Brücke ~ bei der Weggabelung folgen Sie den Radschildern links zum Inn hinunter – ein asphaltierter Weg, der in einen unbefestigten übergeht ~ dieser führt Sie nach **Lavin**. Der Weg ist dann wieder asphaltiert ~ links über die Brücke in den Ort hinein.

Lavin
PLZ: CH-7543; Vorwahl: 081
🛈 Lavin Turissem, ✆ 8622040

Ftan

Lavin hat heute noch den Charakter eines Bergdorfes. Sehenswert sind die Kirche mit Malereien aus dem 16. Jahrhundert, alte Häuser, die vom Brand 1869 verschont geblieben sind und die Ruinen von Gonda, einem im 16. Jahrhundert zerstörten Dorf. Lavin ist der Ausgangspunkt einiger Wanderwege.

Bei der Hauptstraße angelangt, folgen Sie den Schildern, die nach rechts weisen ~ am Ende des Ortes zweigt ein unbefestigter Weg nach links ab, unter der Eisenbahn und unter der Hauptstraße hindurch ~ ⚠ Achtung: diese Abzweigung ist leicht zu übersehen.

Die Route verläuft weiter oberhalb der Bahn ~ es geht ständig bergauf ~ bei der Weggabelung fahren Sie links, den Schildern folgend. Es geht leicht bergab ~ Sie kommen zu einer wundervollen Stelle, wo sich ein Gebirgsbach seinen Weg durch den Wald und ins Tal erkämpft.

Tipp: Vor allem zu beachten sind zwei Gattertore, die zu öffnen und natürlich auch gleich wieder zu schließen sind, denn zwischen diesen beiden Toren weidet eine Schafherde.

Nach dem zweiten Tor fahren Sie über eine Brücke ~ dann nach der Rechtskurve führt der Weg wieder bergauf ~ Sie stoßen auf eine asphaltierte Straße ~ dieser folgen Sie in den Ort **Guarda** hinauf.

Guarda
PLZ: CH-7545; Vorwahl: 081
🛈 Guarda Turissem, ✆ 8622342

Seinen Namen hat Guarda („Schau!") durch die herrliche Aussicht talauf- und talabwärts erhalten, denn es liegt hoch über dem Tal. Das Dorf ist bekannt für seine Holzwarenverarbeitung und sein schmuckes Ortsbild mit den

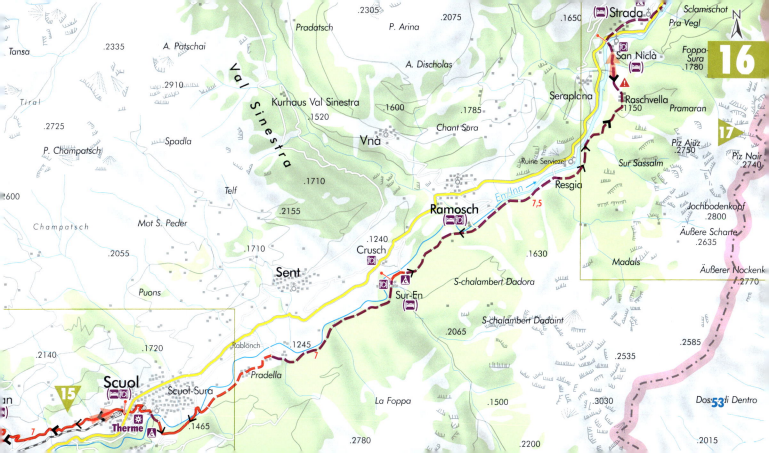

prächtigen Sgraffitohäusern.

Die Ortsdurchfahrtsstraße führt Sie durch den malerischen Ort ~ weiter geht's geradeaus auf der Straße durch den Wald ~ die nächste Ortschaft ist **Bos-cha**.

Bos-cha

Sie fahren durch den Ort ~ an der Weggabelung folgen Sie den Schildern nach rechts in einen unbefestigten Weg ~ dieser führt in Kehren den Berg hinunter ~ vor Ardez stoßen Sie auf die Ortsdurchfahrtsstraße, auf welcher Sie durch den Ort radeln.

Ardez
PLZ: CH-7546; Vorwahl: 081

🛈 **Verkehrsverein Ardez**, Sur-En und Bos-cha, ✆ 8622330

Von Ardez nach San Nicla — 24 km

Nach Ardez weiter auf der asphaltierten Straße, die bergauf führt ~ der Verlauf ist sehr kurvenreich und ständig steigend ~ nach der Brücke in der Kehre befinden Sie sich abermals auf einem unbefestigten Weg ~ nach einem Kilometer ist der Weg wieder asphaltiert ~ Sie erreichen **Ftan** und bleiben weiterhin auf der Straße.

Panorama über Scuol

Ftan
PLZ: CH-7551; Vorwahl: 081

🛈 **Ftan Turissem**, ✆ 8640557
✱ Älteste Alpine Mühle

In Ftan folgen Sie dem Verlauf der Hauptstraße im Rechtsbogen Richtung Scuol ~ in einigen Kehren führt die Straße wieder bergab ~ Sie folgen dem Straßenverlauf bis nach **Scuol**. In Scuol fahren Sie unter der Bahn hindurch und bei der ersten Abzweigung nach links Richtung Martina ~ bei der Touristinformation kommen Sie zur Hauptstraße.

Scuol
PLZ: CH-7550; Vorwahl: 081

🛈 **ENGADIN/Scuol Tourismus AG**, ✆ 8612222
✉ „**Bogn Engiadina Scuol**", Erlebnis- und Gesundheitsbad.
🏰 **Schloss Tarasp**, ✆ 8649368, ÖZ: Juni-Mitte Okt., Führungen tägl., Gruppen n. Voranm. Das majestätische Wahrzeichen des Engadin wurde im Jahr 1040 erbaut und im 20. Jh. komplett renoviert

Scuol hat einen alten Dorfkern mit ebenso alter Baukultur, es gibt auch das Museum des Unterengadins (mit Führungen) und ein Bergbau- und Bärenmuseum im Val S-charl.

Tipp: Wenn Sie noch ein paar Tage im Engadin anhängen möchten, dann sei an dieser Stelle auf den *cycline-Mountain-BikeGuide Engadin* hingewiesen. Dieser entführt Sie in die atemberaubende Bergwelt des Engadin.

An der Hauptstraße rechts fahren und bei der nächsten Abzweigung wieder links, den Schildern folgend.

Bei einem alten Hotel (außer Betrieb) in einem spitzen Winkel nach links ab ~ weiter über eine Brücke, die für Kraftfahrzeuge gesperrt ist ~ dann den Schildern folgend geradeaus am Sportplatz vorbei ~ bei der Weggabelung fah-

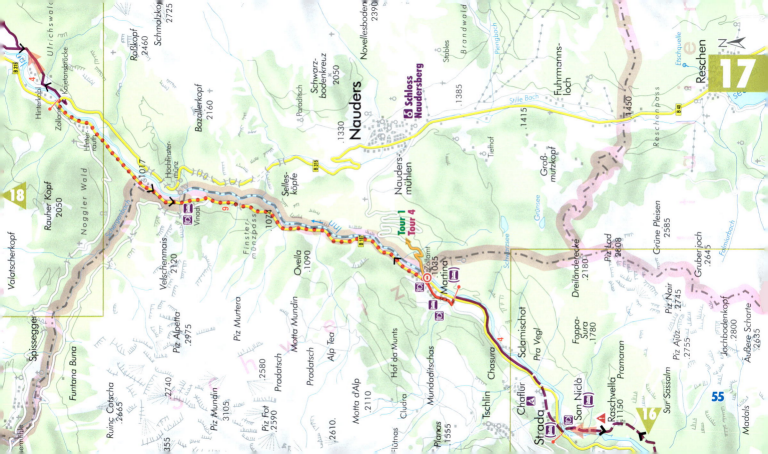

ren Sie links auf die asphaltierte Straße ~ es folgt eine T-Kreuzung, wo Sie links Richtung Martina weiterradeln ~ über die Brücke geradeaus und dann den Weg rechts Richtung Pradella.

Wieder über eine Brücke und dann auf einem unbefestigten Weg bis zur Weggabelung ~ geradeaus weiterfahren ~ Pradella liegt zu Ihrer Rechten ~ immer weiter auf diesem Weg ~ in der Nähe des Umspannwerkes ist der Weg wieder asphaltiert ~ kurz vor der Innbrücke biegen Sie in den unbefestigten Radweg nach rechts ein ~ Sie radeln neben dem Inn bis Sur En.

Sur En

Bei der T-Kreuzung rechts, den Schildern folgend ~ der Weg ist wieder asphaltiert ~ weiter nach links, dem Schild folgend ~ geradeaus bis zum Campingplatz ~ in den Campingplatz nach rechts einbiegen in einen unbefestigten Weg ~ dieser führt Sie zum Wald hinauf und sieben Kilometer durch diesen ~ mal innnahe, mal hoch über dem Inn bis nach **Raschvella**.

Tipp: ⚠ Das Wegstück zwischen Raschvella und San Niclà ist sehr schwierig zu befahren, da der Belag aus losem Schotter besteht und es steil bergab geht. Wer sich nicht sicher fühlt, sollte hier schieben!

San Niclà

Von San Niclà nach Pfunds   17 km

In San Niclà ist der Weg asphaltiert ~ Sie folgen den Schildern ~ nach der Innbrücke geht der Weg durch Strada hindurch ~ nach **Strada** ist der Weg asphaltiert und führt unter einer Brücke weiter zwischen Inn und Hauptstraße ~ kurz vor **Martina** fahren Sie unter der Hauptstraße hindurch, nach Martina hinein.

Martina
PLZ: CH-7560; Vorwahl: 081
🛈 Turissem Tschlin, ✆ 866 34 34

Tipp: Hier können Sie nun entscheiden, ob Sie die Strecke bis Landeck fahren wollen, oder ob Sie nach Nauders radeln, um von dort aus weitere Radtouren zu unternehmen.

Richtung Landeck an der Ortsdurchfahrtsstraße rechts ~ weiter durch den Ort erreichen Sie die Hauptstraße und auch sofort den Grenzübergang ~ weiter fahren Sie auf der Straße Richtung Landeck, welche stark befahren ist ~ es geht immer dahin auf der Bundesstraße bis zum österreichischen Grenzübergang.

Danach rechts über die Brücke Richtung Nauders ~ von der Straße nach Nauders zweigen Sie rechts ab auf den Radweg (Schild: „Zum Radwanderweg" vorhanden) ~ diesem folgen Sie in einem Rechtsbogen hinunter ~ unter der Brücke hindurch ~ Sie radeln weiter neben dem Inn ~ auf diesem Weg erreichen Sie den Ortsteil Dorf von **Pfunds**.

Pfunds
PLZ: A-6542; Vorwahl: 05474
🛈 **Tourismusverband,** ✆ 5229
🏛 **Heimatmuseum,** Haus aus dem 15. Jh.
⛪ **Pfarrkirche,** 1820 errichteter 65 m hoher Zwiebelturm, gotischer Taufstein aus 1280.
🏰 **Jagdschloss von Kaiser Maximilian,** „Turm" an der Innbrücke, angeblicher Grundbau von Herzog Welf aus dem 16. Jh., 1496 ließ Maximilian I. ihn als Jagdschloss ausbauen.

Der Name Pfunds kommt vom lateinischen „fundus" = Grundstück, die älteste urkundliche Erwähnung „judicium Pfondes" war verbunden mit dem bis 1810 zugeteilten Gericht. Das alte Richterhaus ist heute noch erhalten.

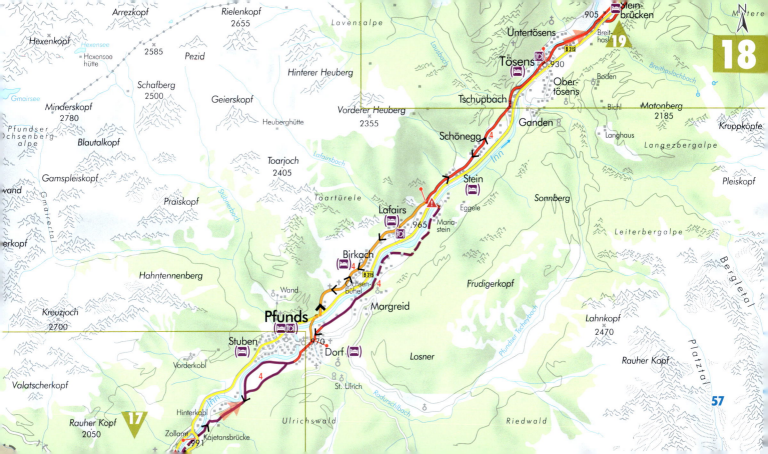

Von Pfunds nach Prutz 17,5 km

Bei der Weggabelung nehmen Sie den rechten Weg ~ immer geradeaus bis zum Stopp-Schild und weiter geradeaus ~ beim Kreisverkehr rechts und dann die erste Abzweigung links, welche auf einen innnahen Radweg führt (es sind keine Schilder vorhanden!).

Nach **Mariastein** fahren Sie nach links über die Innbrücke und über die Hauptstraße ~ dann rechts Richtung Schönegg und nun auf der linken Seite der Hauptstraße weiter ~ Sie durchfahren den Ort **Stein** bei der Weggabelung nehmen Sie den rechten Weg und erreichen so **Schönegg** ~ durch die Ortschaft radeln und auch durch **Tschupbach** ~ dort überqueren Sie den Inn ~ zwischen Fluss und Hauptstraße weiter bis nach **Tösens**.

Tösens
PLZ: A-6541; Vorwahl: 05477

- **St.-Georg-Kapelle** (15. Jh.). Weist romanische sowie gotische Bauelemente auf, sehenswert das Christophoro-Fresko von 1500 sowie die Fresken von Max Maller aus dem 15. Jh.
- **Pfarrkirche zum Hl. Laurentius** (1708-1711). Am Hochaltar befinden sich vier Statuen von Andreas Kölle (1760).

Tösens wurde 1315 erstmals urkundlich als „tesens" erwähnt. Es besaß ehemals eine der höchsten Bergbaustätten der Alpen in 2.815 Metern Höhe.

Sie fahren weiter durch den Ort und bei der ersten Möglichkeit unter der Hauptstraße hindurch ~ Sie befinden sich jetzt auf der rechten Seite der Hauptstraße ~ weiter geht's bergauf in die nächste Ortschaft **St. Christina** ~ danach führt die Straße bergab bis nach Ried.

Ried
PLZ: A-6531; Vorwahl: 05472

- **Pfarrkirche St. Leonhard**, erbaut im Jahre 1320, erweitert 1715, Orgel aus 1733 von Johannes Kronthaler aus Kaufbeuren.
- **Schloss Siegmundsried**, diente im 13. und 14. Jh. als Wohnsitz des Adels, wurde im 15. Jh. zum Jagdschloss vergrößert, 1727-1978 war es Gerichtssitz.

In Ried bleiben Sie einstweilen auf der Durchfahrtsstraße ~ dann biegen Sie ziemlich am Ortsende links Richtung **Badesee** ab ~ noch einmal links und gleich wieder rechts immer in Richtung Badesee und den Schildern folgend ~ so fahren Sie am Sportplatz und am Badesee vorbei ~ bei der Schule rechts zur Hauptstraße ~ auf dieser links Richtung **Prutz**.

Prutz
PLZ: A-6522; Vorwahl: 05472

- **Pfarrkirche**, romanisch, mit barockisierter herrlicher Rokokokanzel.
- **Johannes und Philomena Kapelle**, zusammengebaute gotische und barocke Kapellen auf dem Friedhof.

Prutz ist eine alte Siedlung und war ein bedeutender Umschlags- und Handwerksort. Von den alten Bauten gibt es noch den „oberen und unteren Turm". Am „Oberen Tura" fand man in sieben Meter Tiefe alte Torbögen und Fensteröffnungen.

Von Prutz nach Landeck 14 km

In Prutz bleiben Sie zunächst auf der Durchfahrtsstraße ~ bei der ersten Abzweigung links ~ bei der nächsten wieder links ~ und dann über die Hauptstraße und über den Inn.

In **Entenbruck** fahren Sie rechts weiter leicht bergab bis zum Inn ~ nun radeln Sie am Inn entlang bis zur nächsten Innbrücke ~ dort

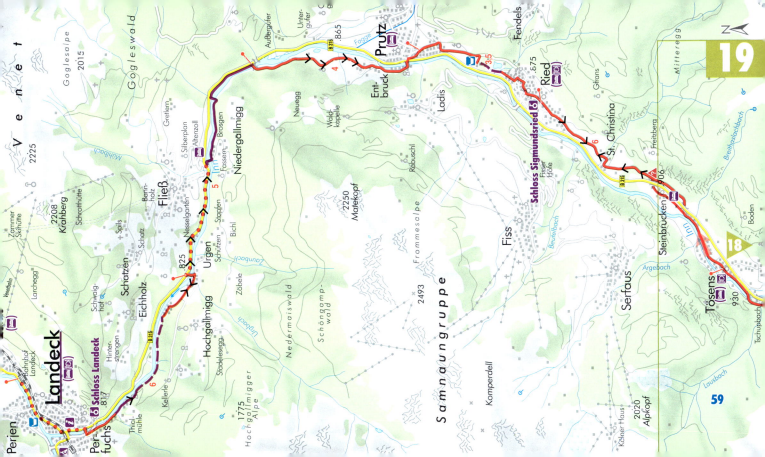

überqueren Sie abermals den Inn und erreichen die Hauptstraße ⇢ auf dieser fahren Sie links weiter ⇢ Sie fahren dann links unterhalb der Straße auf dem Radweg entlang ⇢ für ein kurzes Stück müssen Sie dann bis **Urgen** auf die Bundesstraße und in den Verkehr wechseln, bevor Sie in Urgen eintreffen.

Urgen

Bei Urgen fahren Sie bei der ersten Möglichkeit links über den Inn ⇢ dann rechts auf einer ziemlich stark ansteigenden Asphaltstraße ⇢ nach den letzten Häusern ist der Weg unbefestigt ⇢ Sie radeln weiter bis **Landeck** ⇢ in Landeck kommen Sie auf dem Radweg neben dem Inn im Stadtteil **Perfuchs** an ⇢ bei der nächsten Innbrücke links halten ⇢ dem Straßenverlauf bergauf folgen ⇢ über die Bahn und geradeaus über die Brücke ⇢ rechts halten nach Perjen hinein ⇢ vor der Kirche links in die **Römerstraße**.

Landeck   Stadtplan s. S. 16
PLZ: A-6500; Vorwahl: 05442

🛈 **Tourismusverband Landeck und Umgebung,** Malser Str. 10, ✆ 65200

🏛 **Schlossmuseum Landeck,** ✆ 63202, ÖZ: 25. Mai-1. Okt., 10-17 Uhr, 2.-26. Okt., 14-17 Uhr. Heimatkundliches Bezirksmuseum mit den Schwerpunkten bäuerliche Wohnkultur und Gerätschaft für Feld und Acker sowie für die Alm- und Milchwirtschaft. Prunkstücke sind die drei Leopoldsbecher von 1703, welche die Geschichte des Schützenwesens dokumentieren.

⛪ **Schloss Landeck** (13. Jh.), Schlossweg. Die Burg mit dem gewaltigen Bergfried war Sitz der landesfürstlichen Pfleger, um 1530 entstand unter Kaiser Maximilian I. das spätgotische Hallengewölbe über dem Hof und das Renaissance-Tor. Im 18. Jh. ist die Anlage niedergebrannt und wurde nicht wieder in alter Form aufgebaut. Bis 1840 Gerichtssitz und seit 1949 Restaurierungsarbeiten.

⛪ **Ruine Schrofenstein,** 2 km nördlich. Bereits 1196 erwähnt, war ehemaliges Lehen des Bistums Chur, das Geschlecht der Schrofensteiner erlosch 1546. Heutige Anlage mit herrlichem Ausblick in Privatbesitz.

⛪ **Stadtpfarrkirche,** Schlossweg. Der spätgotische, dreischiffige Bau der Liebfrauenkirche entstand 1471-1521, Treppengiebel und Helm um 1861. Die heute neben Seefeld und Schwaz bedeutendste gotische Kirche in Nordtirol war eine Stiftung des Ritters Oswald von Schrofenstein, an ihn erinnern Grabstein und Gruftplatte.

⛪ **Burschlkirche,** Bruggfeldstraße, Besichtigung nur im Rahmen der Stadtführung. Die ehemalige Pestkirche wurde um 1650 aufgrund eines Gelöbnisses erbaut und verfügt über eine Holzkassettendecke im Stil der Renaissance sowie drei bemerkenswerte Altäre. Eingang, Fenster und Chorraum sind gotisch.

⛪ **Pfarrkirche Stanz,** 1,5 km nordwestlich. Die heutige Kirche in der ältesten Pfarrei des Landes wurde 1460-70 von der Grinner Bauhütte errichtet. 1229 verlegt der Pfarrer seinen Sitz nach Zams.

✳ **Gerberbrücke,** am Inn unterhalb vom Schloss. Einst Schauplatz der Tiroler Freiheitskämpfe 1703, Gedenktafel für Dominikus Tasch.

Landeck liegt im Oberen Inntal, wo die Straßen vom Arlberg und vom Reschenpass zusammentreffen, in einer sonnigen, nebelfreien Talmulde umgeben von einer malerischen Berglandschaft. Von der erhöht über der Stadt liegenden Burg konnte der Zugang zu beiden Pässen überwacht werden.

Die günstige Verkehrslage macht Landeck zur „Ausflugsschaukel Tirols". Der Inn nimmt hier vom Süden kommend die Sanna auf und zeigt noch sein wildes ungezähmtes Gesicht.

Tipp: Entlang dieser Strecke können Sie auch das *bikeline*-Radtourenbuch Inn-Radweg Teil 1 verwenden und weiter nach Innsbruck fahren. Von dort begleitet Sie dann der Inn-Radweg Teil 2 weiter nach Passau.

Tour 3 — Reschensee-Runde

Die Tour führt mit der Anfahrtsvariante von Nauders über den alten Handelsweg Via Claudia Augusta zu dem im Jahr 1949 aufgestauten Reschensee. Die Umrundung des Sees ist ein Muss für jeden Radtouristen, der den Obervinschgau besucht.

Charakteristik
Länge: 18 (27) km
Start/Ziel: Reschen (mit Anfahrtsvariante Nauders)

An- & Abreise: (Bahn, Auto): Vom Bahnhof in Landeck gelangen Sie mit dem Bus nach Reschen.
Wegbeschaffenheit: Asphalt- und gut befahrbare Schotterwege
Verkehr: Die Route verläuft auf Radwegen bzw. zum Teil auf Nebenstraßen.
Steigungen: bei der Anfahrt von Nauders nch Reschen müssen Sie mit einigen, teilweise stärkeren Steigungen rechnen.
Beschilderung: Wanderwegbeschilderung, teilweise MTB-Markierung (meist etwas ausgebleichte gelbe Schilder), zu Beginn und am Schluss Schilder der Via Claudia Augusta
Kombinierbar: Anbindung an die Tour 1, 2 und 4

Anfahrtsvariante Nauders

Nauders
PLZ: A-6543; Vorwahl: 05473

- **Tourismusverband Nauders-Reschenpass**, Dr.-Tschiggfrey-Str. 66, ☎ 87220
- **Schloss Naudersberg**, ☎ 87242, ÖZ: Ende Mai-Mitte Okt., So 11 Uhr, Di 16.30 Uhr, Mi 17 Uhr, Fr 16.30 Uhr. Schon seit dem 13./14. Jh. konnte man von dieser Burg aus das ganze Grenztal überblicken. Baulich wurde die Anlage im 15. und 16. Jh. noch weiter ergänzt. Im Erdgeschoss liegen die Arreste und die Gefängnisküche, der 1. Stock wird für Ausstellungen genützt, im 2. Stock ist die Bildergalerie, Richterstube, Gerichtskanzlei und die Schlosskapelle. Ausstellung über Handwerk und Gewerbe in Nauders.
- **St. Leonhardkapelle** (um 1200), besitzt einen romanischen Freskenzyklus.
- **Mariahilfkirche** und **Spitalkirche zum Heiligen Geist**
- **Festung Nauders**, aus der österr.-ungar. Monarchie. Heute Militärmuseum mit einer Ausstellung zum Thema: Verkehr über den Reschen.
- **Pfarrkirche St. Valentin**

Von Nauders nach Reschen 9 km

Mit dem Rücken zur Tourismusinformation Start nach rechts Richtung Hotel Tia Monte ~ beim Kreisverkehr gerade weiter ~ nach 500 Metern folgt ein kurzes, geschottertes Wegstück, links an der Burg vorbei ~ leichter Anstieg rechts an einem Hotelhallenbad vorbei ~ immer der Via Claudia Augusta durch Wiesen folgen, links die Talstation des Schlossliftes ~ später unter einer Hochspannungsleitung durch ~ nach einer Hofdurchfahrt gerade an einer Abzweigung vorbei.

Beim Gasthof Dreiländerblick eine Rechtskurve und noch vor dem Zollamt eine Linkskurve ~ über einen Parkplatz, kurz auf die Staatsstraße.

Tipp: Achtung hier herrscht starkes Verkehrsaufkommen.

Gleich wieder links auf den Parkplatz ~ am ersten Gebäude auf der italienischen Seite

(Aufschrift „Restaurant, Zigaretten") links vorbei ~ Überquerung der Staatsstraße in einen Radweg ~ zuerst parallel zu dieser, dann in einem Bogen über Wiesen leicht ansteigend weiter.

In leichtem Gefälle bei einem Gatter nach Reschen hinein ~ beim ersten Hof vorbei in eine Links-Rechtskurve.

Reschen
PLZ: I-39027; Vorwahl: 0473

🛈 **Tourismusverein Vinschgauer Oberland**, ✆ 737092 (St. Valentin) o. ✆ 737090 (Reschen)
🚲 **Sport Folie**, Hauptstr. 32, ✆ 633155
🚲 **Sport Winkler**, Hauptstr. 24, ✆ 633155

Von Reschen nach St. Valentin 9 km

Auf den Reschensee zu ~ am See entlang, an einer Lifttalstation vorbei ~ steil ansteigend durch zwei Kehren ~ in der nächsten Rechtskehre (Beschilderung Rojental) gerade weiter ~ eben bis leicht fallend durch einen dichten Wald weiter ~ an der Staumauer und an Kaschon vorbei ~ vor den Mühlhäusern links abbiegen und nach St. Valentin fahren.

St. Valentin
PLZ: I-39020; Vorwahl: 0473

🛈 **Tourismusverein Vinschgauer Oberland**, ✆ 737092 (St. Valentin)

Von St. Valentin nach Reschen   9 km

Am Ende von St. Valentin nach der Ampel links ab ~ am Zeltplatz vorbei ~ vor der Staumauer rechts ~ an der Querstraße links auf den Radweg entlang des Sees.

Parallel zur Hauptstraße in 30 Metern Abstand ohne Verkehr auf dem asphaltierten Radweg weiter ~ außen an den Lawinengalerien vorbei, später geschottert.

Direkt am Seeufer entlang ~ Bachüberquerung, gleich danach bei einer Linksabzweigung gerade weiter ~ nach der nächsten Brücke nach links ~ kurzes Asphaltstück ~ am Parkplatz bei dem versunkenen Kirchturm von St. Anna vorbei.

Tipp: Hier Achtung auf die vielen fotografierenden Touristen.

Graun
PLZ: I-39020; Vorwahl: 0473

🛈 Tourismusverein Vinschgauer Oberland, ✆ 737092 (St. Valentin) o. 737090 (Reschen)

🖼 **Kirchturm Alt-Graun,** im Jahr 1950 verschwand ein Dorf in den Fluten des Stausees, einziges Relikt ist der vielfotografierte Kirchturm, der zur Hälfte noch aus dem Wasser herausragt.

Der Reschensee wurde im Jahr 1949 zur Stromgewinnung angelegt. Damals fiel der Überflutung des Talbodens zwischen St. Valentin und Reschen das gesamte Dorf Graun zum Opfer. Nur der vielbestaunte Turm der Grauner Pfarrkirche ragt malerisch aus den Fluten des Sees heraus. Das heutige Dorf Graun siedelte sich dann in den Fünfziger Jahren wieder am Ufer des Sees an.

Immer zwischen Hauptstraße und See, zwischen den geschotterten und asphaltierten Abschnitten wechselnd weiter bis zu einem Rastplatz vor Reschen.

Reschen

Tipp: Wenn Sie nach Nauders zurück wollen, dann folgen Sie ab jetzt immer den Schildern der Via Claudia Augusta.

Tipp: An dieser Stelle möchten wir Sie auf die *bikeline-MountainBikeGuides* **Nauders/Reschenpass, Vinschgau und Engadin** verweisen. In diesen Büchern finden Sie noch mehr interessante Radtouren.

Tour 4

3-Länder Tour

Durch drei Länder und über drei Pässe führt die abwechslungsreiche, landschaftlich eindrucksvolle Rundtour, die sich auch in zwei Tagesetappen absolvieren lässt. Auf Ihrer Reise durchfahren Sie zuerst von Glurns aus das malerische Münstertal. Über den Ofenpass geht es dann nach Zernez ins Engadin. Durch den Unterengadin entlang des Inns führt die Tour dann nach Martina und über die Norberthöhe nach Nauders. Über den Reschenpass und am Reschensee vorbei kehren Sie durch die Malser Haide wieder an den Ausgangspunkt zurück.

Charakteristik

Länge: 137 km
Start/Ziel: Glurns
An- & Abreise: (Bahn, Auto): Mit dem Auto gelangen Sie über den Brenner und Meran bzw. über Landeck und den Reschenpass nach Glurns. Mit der Bahn fahren Sie bis Meran und anschließend mit dem Bus (SAD) nach Mals oder mit der Vinschger Bahn nach Mals.
Wegbeschaffenheit: teilweise ausgebaute Radwege, Schotterwege, großteils asphaltierte Straßen
Verkehr: Die Tour verläuft bis Zernez hauptsächlich auf der Bundesstraße, danach ausschließlich auf verkehrsärme-

ren Nebenstraßen.
Steigungen: Neben dem Ofenpass und der Norberthöhe sind noch einige mäßigere Steigungen zu überwinden.
Beschilderung: Von Zernez nach Martinsbruck durchgehend mit rot-blauen Schildern des Inn-Radweges mit der Nummer 6; von Nauders nach Glurns Schilder der Via Claudia Augusta.
Kombinierbar: Anbindung an die Tour 1, 2, 3, 5, 6 und 7

Von Glurns/Glorenza nach Zernez   49,5 km

Glurns/Glorenza
PLZ: I-39020; Vorwahl: 0473
- Tourismusbüro, ✆ 737073
- historischer, mittelalterlicher **Stadtkern**
- Pfarrkirche St. Pankratius, spätgotischer Bau mit einem romanischen Kirchturm und barockem Helm.

Auf der Hauptstraße durch den hübschen Ort nach rechts abbiegen und über die Brücke die Etsch überqueren zunächst am Rambach entlang diesen schließlich überqueren und am anderen Ufer entlang an **Rifair** vorbeifahren durch **Taufers** und bei **Pontevilla** die Grenze zur Schweiz passieren kurz darauf durch Müstair.

Müstair
- Turissem Val Müstair, I-Büro Müstair, ✆ 081/8585000
- Kloster Müstair, ÖZ: Mai-Okt. Mo-Sa 9-12 Uhr u. 13.30-17 Uhr; So/Fei 13.30-17 Uhr; Nov.-April Mo-Sa 10-12 Uhr u. 13.30-16.30 Uhr; So/Fei 13.30-16.30 Uhr. Der älteste Teil des Klosters stammt aus dem 8. Jh. Seit dieser Zeit wurde ständig umgebaut, dazugebaut und renoviert, darum besteht das Kloster aus vielen verschiedenen Stilen mit ihren typischen Merkmalen. Die Anlage war im Mittelalter ein wichtiger Stützpunkt für Politik, Wirtschaft und Kirche. Ursprünglich als Männerkloster erbaut, wurde es im 11./12. Jh. in ein Frauenkloster umgewandelt. Besonders bedeutendes Kulturgut sind der größte frühmittelalterliche Wandmalereizyklus und die romanische Bilderwelt aus dem 12./13. Jh. in der Kirche, weiters das älteste Monument Karls des Großen, der den Bau des Klosters massiv förderte und der Plantaturm aus 957 n. Chr., er gilt als das älteste Profangebäude des Alpenraumes.
Im Plantaturm befindet sich ein **Museum**, hier wird in einer Zeitreise die Geschichte des Klosters dargestellt.

Auf der Bundesstraße 28 bergauf Richtung Sta. Maria weiterfahren den kleinen Fluss überqueren die Asphaltstraße bergauf weiter und durch den Ort Sielva.

Sta. Maria
PLZ: CH-7536; Vorwahl: 081
- Turissem Val Müstair, I-Büro Sta. Maria, ✆ 8585727
- Webstube Tessanda, ÖZ: Mo-Fr 8-12 Uhr u. 13.30-18 Uhr, Sa 9-11 u. 14-17 Uhr
- Sommerskifahren: im Skigebiet Stilfserjoch, ÖZ: Juni-Okt, ✆ 8585727

Tipp: Wer mit dem Rennrad unterwegs ist, bleibt hier einfach auf der Hauptstraße.

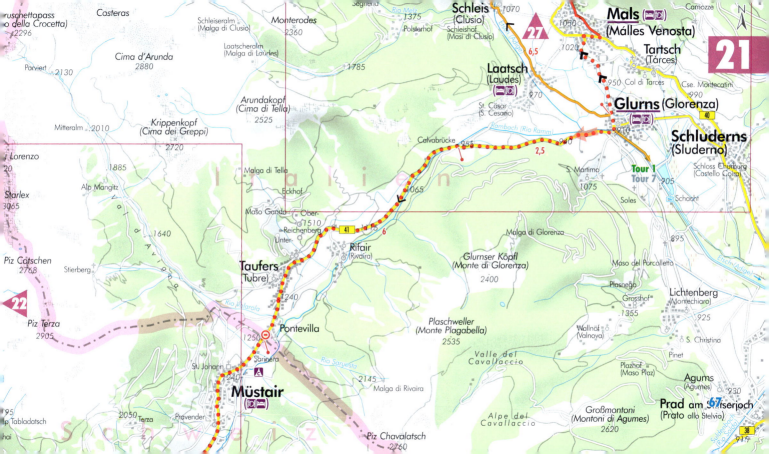

Ofenpass

Durch den malerischen Ort Sta. Maria ↝ danach geradeaus weiter ↝ links nach Valchava abbiegen ↝ an der Kirche rechts vorbei und kurz darauf erneut links abbiegen ↝ an der folgenden Kreuzung rechts weiter und der schmalen Asphaltstraße bergauf folgen ↝ ein Holzgatter passieren.

Kurz danach links abbiegen und bei einer Gabelung 300 Meter später rechts halten ↝ der Schotterstraße bergauf folgen ↝ über eine kleine Holzbrücke und ein kurzes Stück bergab ↝ an der folgenden Kreuzung links abbiegen ↝ geradeaus leicht bergauf weiter ↝ der Schotterweg mündet schließlich in einen asphaltierten Anliegerweg ein.

Fuldera

Links abbiegen und kurz darauf eine kleine Brücke überqueren ↝ weiter auf Asphalt durch den Ortsteil **Fuldera-Daint** ↝ anschließend dem Schotterweg geradeaus Richtung Tschierv folgen ↝ links auf die Bundesstraße.

Tschierv

PLZ: CH-7532; Vorwahl: 081

❚ Turissem Val Müstair, ✆ 8503929

Durch den Ort fahren ↝ der Hauptstraße über Serpentinen weiter bergauf folgen und am Gasthof auf dem Ofenpass vorbei.

Süsom Givé/Ofenpass

Auf der Bundesstraße 28 bergab bis Zernez.

Zernez

PLZ: CH-7530; Vorwahl: 081

❚ Verkehrsverein, ✆ 8561300

⚠ **Nationalparkhaus und Nationalpark,** Informationszentrum ✆ 8561378. Der Nationalpark ist frei zugänglich. Für Führungen durch don Nationalpark ist eine Anmeldung beim Ver-

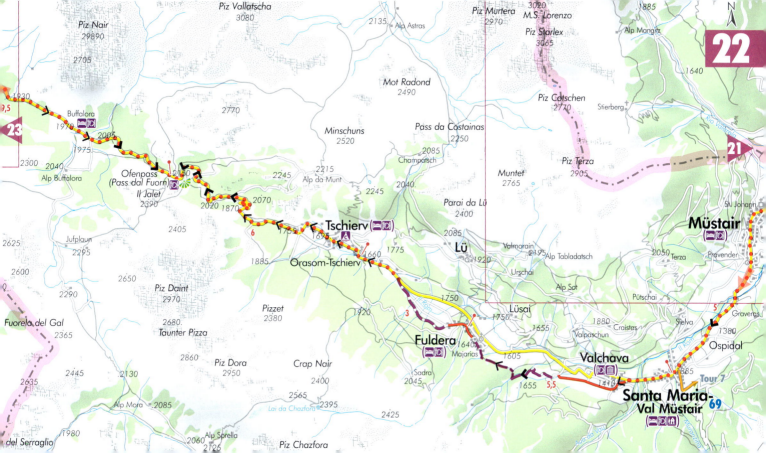

kehrsverein spätestens bis zum Vorabend nötig. Der Nationalpark ist ein Naturreservat und dient dem Schutz der Fauna und Flora.

Von Zernez nach Ardez   **20 km**

In Zernez fahren Sie nicht auf die Hauptstraße, sondern biegen in die Straße **Viel** ab ~ weiter links in die **Viel da Predgia** ~ Sie folgen dem Straßenverlauf geradeaus.

Die kommen zu einer Weggabelung und nehmen den linken unbefestigten Weg, der hinunter zum Inn führt ~ Sie radeln eine Weile am Inn entlang und durch den Wald, bis Sie **Susch** erreichen. Hier ist der Weg wieder asphaltiert ~ Sie fahren geradeaus über eine Brücke in den Ort hinein.

Susch
PLZ: CH-7542; Vorwahl: 081

- **Verkehrsverein**, ✆ 860 02 40
- **Kirche St. Jon** (1515). Schöne Rokokoorgel von 1770 und romanischer Turm.
- **Fortezza Rohan**, befindet sich auf dem Hügel Chaschinas, Ruine einer Sternfeste.
- **La Fuorcha oder Güstizia**, Galgen zwischen Susch und Zernez, Überreste sind zwei sehr gut erhaltene konische Pfeiler.
- **La Tuor**, ein ursprünglich fünfstöckiger Wohnturm in Surpunt.
- **Praschun**, Gefängnis, einstmals alter Wohnturm, seit dem Brand 1772 alleinstehend.

1161 wurde Susch erstmals urkundlich erwähnt. Es gibt sowohl prähistorische Funde auf Padnal und am Flüelapass, als auch Funde römischer Münzen. Susch überlebte drei große Brände (1772, 1900 und 1925). Heute ist es ein beliebter Wintersportort.

Im Ort kommen Sie zu einer Vorfahrtsstraße, dort rechts halten Richtung Martina/Scuol ~ rechts über die nächste Brücke ~ bei der Weggabelung folgen Sie den Radschildern links zum Inn hinunter - ein asphaltierter Weg, der in einen unbefestigten übergeht ~ dieser führt Sie nach **Lavin**. Der Weg ist dann wieder asphaltiert ~ links über die Brücke in den Ort hinein.

Lavin
PLZ: CH-7543; Vorwahl: 081

- **Lavin Turissem**, ✆ 8622040

Lavin hat heute noch den Charakter eines Bergdorfes. Sehenswert sind die Kirche mit Malereien aus dem 16. Jahrhundert, alte Häuser, die vom Brand 1869 verschont geblieben sind und die Ruinen von Gonda, einem im 16. Jahrhundert zerstörten Dorf. Lavin ist der Ausgangspunkt einiger Wanderwege.

Bei der Hauptstraße angelangt, folgen Sie den Schildern, die nach rechts weisen.

Am Ende des Ortes zweigt ein unbefestigter Weg nach links ab, unter der Eisenbahn und unter der Hauptstraße hindurch. ⚠ Achtung: diese Abzweigung ist leicht zu übersehen.

Die Route verläuft weiter oberhalb der Bahn ~ es geht ständig bergauf ~ bei der Weggabelung fahren Sie links, den Schildern folgend.

Es geht leicht bergab ~ Sie kommen zu einer wundervollen Stelle, wo sich ein Gebirgsbach seinen Weg durch den Wald und ins Tal erkämpft.

Tipp: Vor allem zu beachten sind zwei Gattertore, die zu öffnen und natürlich auch gleich wieder zu schließen sind, denn zwischen diesen beiden Toren weidet eine Schafherde.

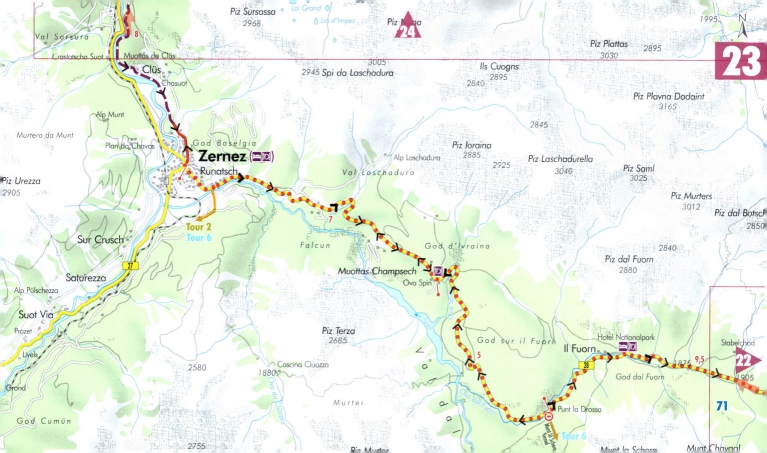

Nach dem zweiten Tor fahren Sie über eine Brücke ~ dann nach der Rechtskurve führt der Weg wieder bergauf ~ Sie stoßen auf eine asphaltierte Straße ~ dieser folgen Sie in den Ort **Guarda** hinauf.

Guarda
PLZ: CH-7545; Vorwahl: 081
i Guarda Turissem, ✆ 8622342

Seinen Namen hat Guarda („Schau!") durch die herrliche Aussicht talauf- und talabwärts erhalten, denn es liegt hoch über dem Tal. Das Dorf ist bekannt für seine Holzwarenverarbeitung und sein schmuckes Ortsbild mit den prächtigen Sgraffitohäusern.

Die Ortsdurchfahrtsstraße führt Sie durch den malerischen Ort ~ weiter geht's geradeaus auf der Straße durch den Wald ~ die nächste Ortschaft ist **Bos-cha**.

Bos-cha
Sie fahren durch den Ort ~ ab einer Brücke bei **Ardez** ist der Weg wieder asphaltiert ~ bei der Weggabelung folgen Sie den Schildern nach rechts in einen unbefestigten Weg ~ dieser führt in Kehren den Berg hinunter ~ vor Ardez stoßen Sie auf die Ortsdurchfahrtsstraße, auf welcher Sie durch den Ort radeln.

Ardez
PLZ: CH-7546; Vorwahl: 081
i Turissem Ardez, Sur-En und Bos-cha, ✆ 8622330

Von Ardez nach San Niclà   24 km

Nach Ardez weiter auf der asphaltierten Straße, die bergauf führt ~ der Verlauf ist sehr kurvenreich und ständig steigend ~ nach der Brücke in der Kehre befinden Sie sich abermals auf einem unbefestigten Weg ~ nach einem Kilometer ist der Weg asphaltiert ~ Sie erreichen **Ftan** und bleiben weiterhin auf der Straße.

Ftan
PLZ: CH-7551; Vorwahl: 081
i Ftan Turissem, ✆ 8640557

In Ftan folgen Sie dem Verlauf der Hauptstraße im Rechtsbogen Richtung Scuol ~ in einigen Kehren führt die Straße wieder bergab ~ Sie folgen dem Straßenverlauf bis nach **Scuol**. In Scuol fahren Sie unter der Bahn hindurch und bei der ersten Abzweigung nach links Richtung Martina ~ bei der Touristinformation kommen Sie zur Hauptstraße.

Scuol
PLZ: CH-7550; Vorwahl: 081
i ENGADIN/Scuol Tourismus AG, ✆ 8612222
✉ „Bogn Engiadina Scuol", Erlebnis- und Gesundheitsbad.
⌂ Schloss Tarasp, ✆ 8649368, ÖZ: Juni-Mitte Okt., Führungen tägl., Gruppen nach Voranm. Das majestetische Wahrzeichen des Engadin wurde im Jahr 1040 erbaut und im 20. Jh. komplett renoviert

Scuol hat einen alten Dorfkern mit ebenso alter Baukultur, es gibt auch das Museum des Unterengadins (mit Führungen) und ein Bergbau- und Bärenmuseum im Val S-charl.

Tipp: Wenn Sie noch ein paar Tage im Engadin anhängen möchten, dann sei an dieser Stelle auf den cyline-MountainBike-Guide Engadin hingewiesen. Dieser entführt Sie in die atemberaubende Bergwelt des Engadin.

An der Hauptstraße rechts fahren und bei der nächsten Abzweigung wieder links, den Schildern folgend ~ bei einem alten Hotel (außer Betrieb) in einem spitzen Winkel nach links

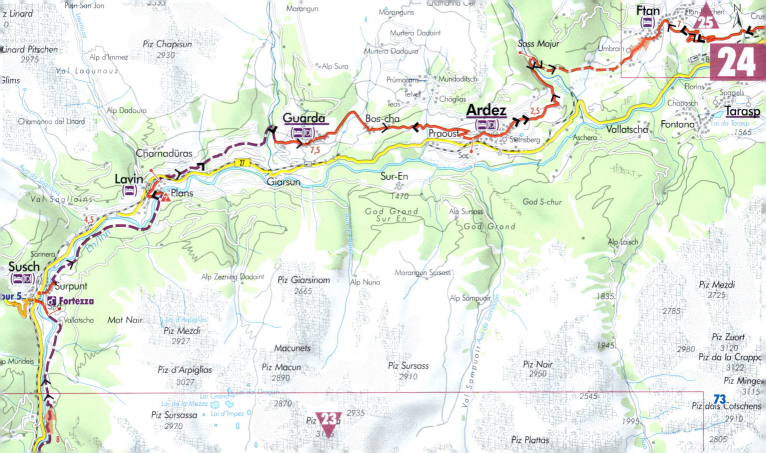

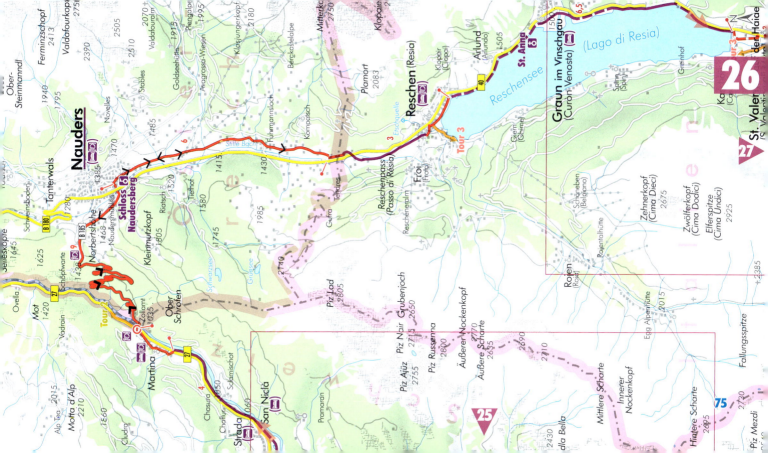

ab ↝ weiter über eine Brücke, die für Kraftfahrzeuge gesperrt ist ↝ dann den Schildern folgend geradeaus am Sportplatz vorbei ↝ bei der Weggabelung fahren Sie links auf die asphaltierte Straße ↝ es folgt eine T-Kreuzung, wo Sie links Richtung Martina weiterradeln ↝ über die Brücke geradeaus und dann den Weg rechts Richtung Pradella ↝ wieder über eine Brücke und dann auf einem unbefestigten Weg bis zur Weggabelung ↝ geradeaus weiterfahren ↝ Pradella liegt zu Ihrer Rechten ↝ immer weiter auf diesem Weg ↝ in der Nähe des Umspannwerkes ist der Weg wieder asphaltiert ↝ kurz vor der Innbrücke biegen Sie in den unbefestigten Radweg nach rechts ein ↝ Sie radeln neben dem Inn bis Sur En.

Sur En

Bei der T-Kreuzung rechts, den Schildern folgend ↝ der Weg ist wieder asphaltiert ↝ weiter nach links, dem Schild folgend ↝ geradeaus bis zum Campingplatz ↝ in den Campingplatz nach rechts einbiegen in einen unbefestigten Weg ↝ dieser führt Sie zum Wald hinauf und sieben Kilometer durch diesen ↝ mal innnahe, mal hoch über dem Inn bis nach **Raschvella**.

Tipp: ⚠ Das Wegstück zwischen Raschvella und San Niclà ist sehr schwierig zu befahren, da der Belag aus losem Schotter besteht und es steil bergab geht. Wer sich nicht sicher fühlt, sollte hier schieben!

San Niclà

Von San Niclà nach Nauders   13 km

In San Niclà ist der Weg asphaltiert ↝ Sie folgen den Schildern ↝ nach der Innbrücke geht der Weg durch Strada hindurch ↝ nach **Strada** ist der Weg asphaltiert und führt unter einer Brücke weiter zwischen Inn und Hauptstraße ↝ kurz vor **Martina** fahren Sie unter der Hauptstraße hindurch, nach Martina hinein.

Martina

PLZ: CH-7560; Vorwahl: 081

🛈 Verkehrsverein Tschlin, ☎ 866 34 34

An der Ortsdurchfahrtsstraße rechts weiter durch den Ort erreichen Sie die Hauptstraße und auch sofort den Grenzübergang ↝ beim Schweizer Zollamt vorbei und nach rechts abbiegen ↝ danach die Innbrücke überqueren ↝ am Zollgebäude vorbei ↝ der Hauptstraße bergauf folgen ↝ am Gasthof Norbertshöhe vorbei ↝ bergab bis nach Naudersmühlen ↝ dort links abbiegen und nach Nauders fahren.

Nauders

PLZ: 6543; Vorwahl: 05473

🛈 **Tourismusverband**, ☎ 87220

🏰 **Schloss Naudersberg**, schon seit dem 13./14. Jh. konnte man von dieser Burg aus das ganze Grenztal überblicken. Baulich wurde die Anlage im 15. und 16. Jh. noch weiter ergänzt.

🏰 **Pfarrkirche St. Valentin**

Von Nauders nach Glurns/Glorenza   30 km

Nauders auf dem Sträßlein, das zum Schloss Nauders führt, verlassen ↝ weiter auf einem Anliegerweg an Seilbahnen und Sesselliften vorbei mitten durchs alpine Tirol ↝ auf diesem wunderbar befahrbaren Weg zur Grenze nach Italien ↝ kurz vor der Grenze zurück auf die Bundesstraße.

Tipp: Achtung starkes Verkehrsaufkommen.

Gleich wieder links auf den Parkplatz am

ersten Gebäude auf der italienischen Seite links vorbei ~ Überquerung der Staatsstraße in einen Radweg ~ zuerst parallel zu dieser, dann in einem Bogen über Wiesen leicht ansteigend weiter.

In leichtem Gefälle bei einem Gatter nach Reschen hinein.

Reschen
PLZ: 39027; Vorwahl: 0473

🛈 **Tourismusverein Vinschgauer Oberland**, ☎ 737092
 (St. Valentin) od. ☎ 737090 (Reschen)

In die erste Straße links und links am See entlangfahren ~ direkt zwischen Straße und See nach Graun.

Graun/Curon
PLZ: 39020; Vorwahl: 0473

🛈 **Tourismusverein Vinschgauer Oberland**, ☎ 737092
 (St. Valentin) od. ☎ 737090 (Reschen)

♿ **Kirchturm Alt-Graun**, im Jahr 1950 verschwand ein Dorf in den Fluten des Stausees, einziges Relikt ist der vielfotografierte Kirchturm, der zur Hälfte noch aus dem Wasser herausragt.

Über den Parkplatz ~ immer weiter am See entlang, der Bodenbelag wechselt zwischen Asphalt und Kieswegen ~ am Ende des Sees geht es nach **St. Valentin** ~ im Ort kurz auf die Hauptstraße, dann wieder rechts ab und hinten durch den Ort ~ zurück an der Hauptstraße, diese leicht nach rechts versetzt queren ~ auf dem Waldweg leicht bergauf, die Schilder weisen nach Mals ~ beim „Vorfahrt achten" links halten ~ weiter nach Dörfl/Monteplair.

Dörfl/Monteplair

Im Ort bergauf und vor der Kirche rechts an der Weggabelung hinter **Dörfl/Monteplair** links nach Mals halten ~ durch ein schönes Waldstück bergauf ~ an der Vorfahrtsstraße bei den Häusern rechts ~ bergab nach **Ulten/Ultimo** ~ rechts auf die Vorfahrtsstraße ~ den Wegweisern nach Mals folgen ~ im Ort an der Querstraße nach links und weiter bergab.

Mals/Malles
PLZ: 39024; Vorwahl: 0473

🛈 **Tourismusbüro**, ☎ 737070

♿ **St. Benedikt-Kirche**, St.-Benedikt-Str. 31, ÖZ: Mo 14-15 Uhr, Di 9.30-10.30 Uhr, Mi 18.30-19.30 Uhr, Do 9.30-10.30 Uhr, im Rahmen der Dorfführung: Juli, Fr 15 Uhr, Aug., Fr 16 Uhr. Kirchenbau aus dem 8. Jh. mit wertvollen karolingischen Fresken, die zu den ältesten im gesamten deutschen Sprachraum zählen.

♿ **St. Martin**, romanischer Turm aus dem 12. Jh., Kirchanger u. Friedhof.

♿ **Fröhlichsturm**, Bergfried aus dem 12. Jh., Überrest einer Burganlage.

Einst waren die Ortschaften Mals und Glurns zwei wichtige machtpolitische Zentren im Obervinschgau. Im Mittelalter war Mals der Gerichtssitz der Bischöfe von Chur, Glurns hingegen war in der Hand der Landesfürsten. Heute ist Mals eindeutig das wirtschaftliche und politische Zentrum des Obervinschgaus und bietet sich mit seinen verwinkelten Gassen und den hübsch gemauerten Häusern zu einem gemütlichen Stadtrundgang an.

Von der **Bahnhofsstraße** gleich wieder rechts ~ Sie folgen nun der Straße und kehren nach Glurns zurück.

Tour 5 — Albula-Flüela Runde

Die Radtour durch den Kanton Graubünden bietet eindrucksvolle Gebirgspanoramen der Rätischen Alpen. Von La Punt führt die Tour zuerst durch das Inntal und ab Susch durch das Val Susasca hinauf zum Flüelapass. Über den weltberühmten Luftkurort Davos, die bezaubernde Gemeinde Bergün und den Albulapass kehren Sie wieder zum Ausgangspunkt nach La Punt zurück.

Charakteristik
Länge: 113 km

Start/Ziel: La Punt

An- & Abreise: (Bahn, Auto): Mit der Bahn nach Innsbruck und von dort über Sargans, Landquart und Sagliains nach La Punt. Die Anreise per Bahn ist auch über Zürich und Chur möglich. Mit dem Auto erreichen Sie La Punt von München aus kommend über Innsbruck, von z. B. Bern aus kommend über Zürich, von z. B. Rom aus kommend über Florenz und Mailand.

Wegbeschaffenheit: Asphalt- und Schotterstraßen

Verkehr: Ein Großteil der Strecke verläuft auf der Bundesstraße. Die restliche Tour führt auf ver-

kehrsärmeren Nebenstraßen bzw. stellenweise auf für den Verkehr gesperrten Forststraßen.
Steigungen: Der Flüela- und der Albulapass sind zu überwinden.
Beschilderung: keine vorhanden
Kombinierbar: Anbindung an die Tour 2, 4 und 6

La Punt/Chamues-ch
PLZ: CH-7522; Vorwahl: 081
- Verkehrsbüro, ✆ 8542477
- San-Andrea-Kirche, in frühgotischem Stil, interessante Malereien und Fresken. Der Schlüssel ist beim Verkehrsbüro erhältlich.

Von La Punt nach Zernez 19 km

Vom Bahnhof in La Punt über Bundesstraße und Inn ~ links auf dem asphaltierten Weg geradeaus. Gegen Ortsende ist diese wieder für den Autoverkehr gesperrt ~ an der Kreuzung geradeaus weiter ~ immer dem Asphaltband folgen ~ vorbei am Restaurant Cempel sur En.

Tipp: Hier besteht die Möglichkeit einen Abstecher nach Zuoz zu unternehmen, um das Museum Caferama zu besuchen.

Zuoz
PLZ: CH-7524; Vorwahl: 081
- Touristinformation, ✆ 8541510
- Museum Caferama, in der höchstgelegenen Kafferösterei Europas. ÖZ: Do, Fr 14-18 Uhr.
- Kapelle San Bastiaun, im Innern spätgotische Fresken.
- Kirche San Luzi, mit Fenstermalereien von Giacometti und Casty.

1499 zwang das Dorf durch die „Taktik der verbrannten Erde" (bezeichnet eine Kriegstaktik, bei der eine Armee auf dem Rückzug vor dem Feind alles zerstört, was dem Gegner in irgendeiner Weise nützen könnte, manchmal auch ganze Städte) die Soldaten Kaiser Maximilians zum Rückzug. Das Dorf allerdings musste wiederaufgebaut werden. Viele wanderten aus, machten ihr Glück in der Ferne und kehrten als reiche Leute zurück, wovon noch die prächtig verzierten Patrizierhäuser zeugen. Zuoz ist heute ein beliebter Ferienort und ein wichtiger Schulort. Sehenswert sind die Kapelle San Bastiaun mit spätgotischen Fresken, die Kirche San Luzi mit Fenstermalereien von Giacometti und Casty, sowie der Kerker und die St.-Katharina-Kirche. Die Schlüssel sind bei der Touristinformation erhältlich.

Nach dem Restaurant rechts hinauf ~ den Radschildern linksherum folgen ~ entlang des Asphaltbandes leicht hinunter zur Bundesstraße ~ weiter parallel zur Bundesstraße bis links

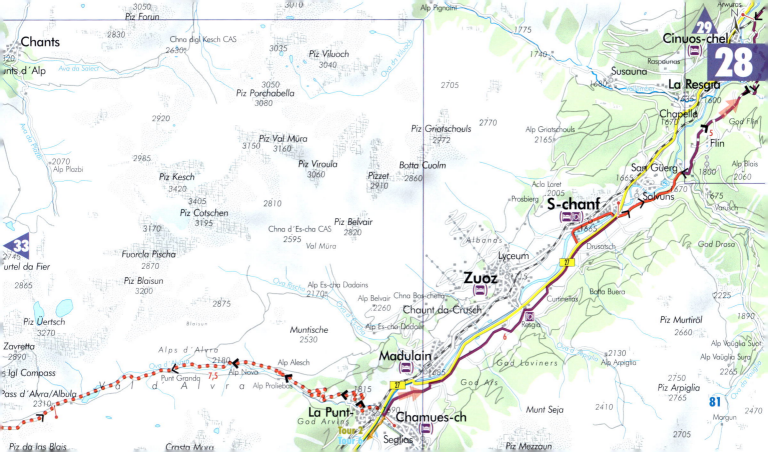

die Unterführung S-chanf abgeht ~ unter der Unterführung durch nach S-chanf ~ über den Inn hinüber ~ in einer leichten Steigung hinauf nach S-chanf.

S-chanf
PLZ: CH-7525; Vorwahl: 081

🛈 **Verkehrsverein,** ☎ 8542255

Tipp: Ab S-chanf empfiehlt es sich für Rennradfahrer bis Susch auf der Hauptstraße weiterzufahren.

Dort links am Brunnen vorbei und an der Querstraße rechts durch den Ort hindurch ~ vor der Kirche rechts hinunter und auf diesem Weg aus S-chanf hinaus ~ unter der Unterführung hindurch und danach halblinks bergauf ~ nach einer kurzen Zwischenabfahrt bei einer Gabelung nach links (Beschilderung „Zernez, Chinuos-Chel", MTB-Markierung Nr. 444) ~ an einem Parkplatz vorbei, leicht bergab über eine Brücke.

Auf Schotter leicht bergauf ~ nach einigen hundert Metern bei zwei Gabelungen die jeweils linke Möglichkeit ~ bergauf zu einer Bachfurt, danach bergab ~ der Schotterstraße

Strecke zwischen Zernez und Susch

weiter leicht bergab folgen.

Nach einigen hundert Metern direkt neben der Eisenbahntrasse ~ später wieder leicht bergauf zu einer weiteren Furt, unterhalb eine Eisenbahnbrücke ~ in leichtem Auf und Ab weiter, bis zur Kehre einer Schotterstraße hier steil bergauf ~ bei der nächsten Kehre gerade weiter und bergab in einen Graben mit einer Brücke ~ danach auf Asphalt und weiter bergab ~ Linkskehre und gerade bergauf wieder auf eine Schotterstraße ~ über einen Bach und wieder leicht bergab ~ bei einer Kreuzung gerade weiter.

Durch einen Steinbruch ~ bei einer Gabelung ohne Wegweiser der Hauptmöglichkeit leicht bergab folgen ~ nach einer Kreuzung mit einem Wanderweg stößt man auf eine Schotterstraßenkehre ~ dem MTB-Wegweiser Nr. 444 steil bergab folgen ~ aus dem Wald heraus und flach über eine Wiese zu einer T-Kreuzung, dort asphaltiert nach rechts ~ nach 120 Metern eine Linkskurve und über eine überdachte Holzbrücke zur Hauptstraße ~ links abbiegen und nach Zernez hinein.

Zernez
PLZ: CH-7530; Vorwahl: 081

🛈 **Verkehrsverein,** ☎ 8561300

🛈 **Nationalparkhaus und Nationalpark,** Informationszentrum

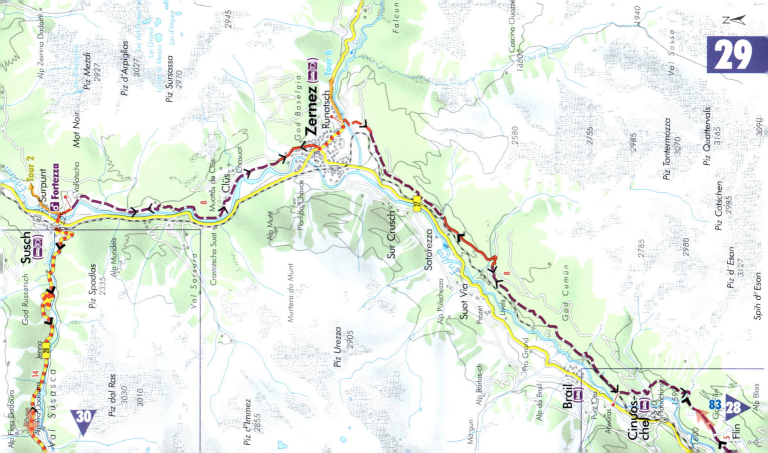

✆ 8561378. Der Nationalpark ist frei zugänglich. Für Führungen durch den Nationalpark ist eine Anmeldung beim Verkehrsverein spätestens bis zum Vorabend nötig. Der Nationalpark ist ein Naturreservat und dient dem Schutz der Fauna und Flora.

Von Zernez nach Davos   36 km

In Zernez fahren Sie nicht auf die Hauptstraße, sondern biegen in die Straße **Viel** ab ~ weiter links in die **Viel da Predgia** ~ Sie folgen dem Straßenverlauf geradeaus ~ Sie kommen zu einer Weggabelung und nehmen den linken unbefestigten Weg, der hinunter zum Inn führt ~ Sie radeln eine Weile am Inn entlang und durch den Wald, bis Sie **Susch** erreichen ~ der Weg ist dann wieder asphaltiert ~ links über die Brücke in den Ort hinein.

Susch
PLZ: CH-7542; Vorwahl: 081

- **Verkehrsverein,** ✆ 860 02 40
- **Kirche St. Jon** (1515). Schöne Rokokoorgel von 1770 und romanischer Turm.
- **Fortezza Rohan,** befindet sich auf dem Hügel Chaschinas, Ruine einer Sternfeste.
- **La Fuorcha oder Güstizia,** Galgen zwischen Susch und Zernez, Überreste sind zwei sehr gut erhaltene konische Pfeiler.
- **La Tuor,** ein ursprünglich fünfstöckiger Wohnturm in Surpunt.
- **Praschun,** Gefängnis, einstmals alter Wohnturm, seit dem Brand 1772 alleinstehend.

1161 wurde Susch erstmals urkundlich erwähnt. Es gibt sowohl prähistorische Funde auf Padnal und am Flüelapass, als auch Funde römischer Münzen. Susch überlebte drei große Brände (1772, 1900 und 1925). Heute ist es ein beliebter Wintersportort.

An der Hauptstraße links und gleich wieder rechts Richtung Davos zum Flüelapass hinauf ~ es geht stetig in Kehren steil hinauf ~ etwa 4,5 km von Susch ab gesehen wird es etwas flacher ~ es geht wieder ganz sacht bergab ~ danach steigt es wieder an ~ dann wird es wieder sehr steil und geht in Kehren hinauf ~ nach links hat man einen schönen Blick in das Val Grialetsch ~ ab dem Winterdiensthaus Flüelapass wird es etwas flacher, es geht aber trotzdem weiterhin bergauf ~ dann wieder steiler und in Kehren weiter ~ oben ist nur mehr eine karge, steinige Landschaft ~ auf dem Flüelapass befinden sich rechts und links zwei Seen.

Die Höhe beträgt hier 2.383 Meter ~ es geht nun vom Pass steil hinunter ~ am Gasthaus Tschuggen vorbei ~ weiterhin stetig bergab ~ der Asphalt ist sehr gut ~ am Gasthaus Alpenrose vorbei ~ sehr steil hinunter und nach Davos hinein ~ in Davos geht es wieder eben dahin. Bei der Bahnlinie geradeaus weiter ~ über die Bahn ~ danach an der Vorfahrtsstraße nach links ~ dem Straßenverlauf rechtsherum Richtung Tiefencastel folgen ~ danach macht die Straße wieder eine Linkskurve im Ort.

Davos
PLZ: CH-7270; Vorwahl: 081

- **Tourismusinformation,** Promenade 67, ✆ 4152121
- **Kirchner Museum,** mit der weltweit größten Sammlung von Werken des berühmten Expressionisten Ernst Ludwig Kirchner
- **Kurpark.** Der Kurpark wurde 1914 eröffnet. Dem Kurortgründer Alexander Spengler ist in diesem Park ein Denkmal gewidmet.

Als die Walser ab dem 13. Jahrhundert begannen, die Landschaft Davos zu besiedeln

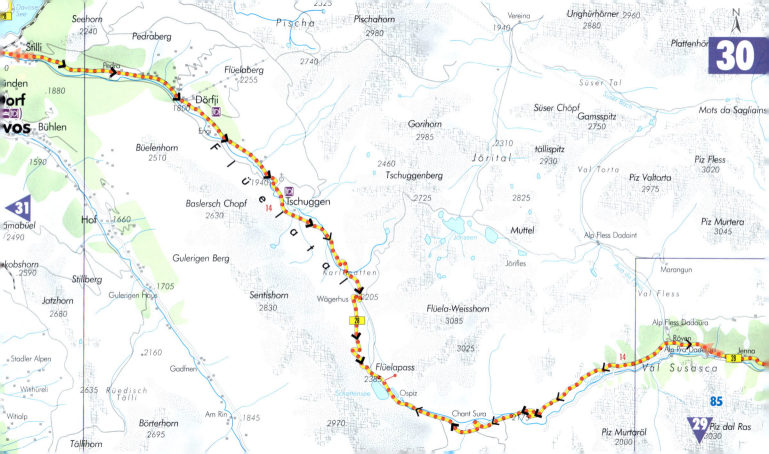

und sich als Bauern niederließen, dachte sicherlich niemand, dass Davos sich 700 Jahre später zur höchstgelegenen Ferien- und Kongressstadt Europas entwickeln würde.

Der Wandel von der Bauerngemeinde zum internationalen Luftkurort begann mit der Entdeckung von Dr. Alexander Spengler, dass das Reizklima von Davos zur Heilung von Tuberkulose beiträgt. Heute dienen die Höhenkliniken weniger der Tuberkuloseheilung als vielmehr der Therapie allergischer und infektiöser Erkrankungen der Luftwege und der Lungen.

Von Davos nach Alvaneu — 26 km

Einfach dem Straßenverlauf folgen ~ immer auf der Hauptstraße durch Davos hindurch ~ bei der Verzweigung der Rechtskurve entlang der Hauptstraße Richtung Tiefencastel folgen ~ aus dem Ort hinaus leicht bergab ~ nochmal nach Davos hinein ~ gegen Ende von Davos ist rechts ein Möbelgeschäft ~ gegenüber von dem Gebäude links in die **Untere Albertistraße**.

Tipp: Wer mit dem Rennrad unterwegs ist, sollte hier auf der Hauptstraße bleiben.

Dem Straßenverlauf in einer starken Rechtskurve folgen ~ vor dem Krankenhaus in eine Linkskurve ~ dem Straßenverlauf folgen ~ es zweigt nach links ein kleiner Weg ab, dieser führt über eine schmale Holzbrücke ~ vor der kleinen Holzbrücke geht rechts ein Schotterweg neben einer Baumreihe ~ der Schotterweg führt an der Bahn entlang ~ er endet an einer Querstraße, dort rechts ~ an der Hauptstraße ist links ein Radschild Glaris.

Links auf die Hauptstraße hinauf ~ nach 200 Metern auf der Straße rechts ab, hier befindet sich wieder ein Radschild Glaris ~ es geht bergauf ~ hier erwartet Sie eine wundervolle Landschaft und schöne Häuser an beiden Seiten.

Glaris

Nun wieder hinunter ~ der Weg gabelt sich ~ hier links halten ~ die Straße wird sehr schmal ~ das Gefälle beträgt 18% ~ dem Straßenverlauf hinunter folgen ~ weiter zur Hauptstraße ~ an der Hauptstraße rechts ~ ein Stück auf der Hauptstraße entlang ~ gegenüber vom Sporthotel Spinabad rechts über die Bahn ~ über die Brücke und danach links.

Rechts vom Bach entlangfahren ~ bei der nächsten Brücke wird der Weg unbefestigt, bei den Wohnhäusern wird es wieder asphaltiert und bei der Querstraße links hinüber zur Hauptstraße ~ weiter auf der Hauptstraße ~ durch einen Tunnel hindurch ~ hinter der Bahnhaltestelle Mondstein geht es links zum Bergbaumuseum, hier links wegfahren.

Monstein

Am Parkplatz vorbei auf einem unbefestigten Weg ~ vorbei an der Schranke in den für Kraftfahrzeuge gesperrten Weg ~ durch die Zügenschlucht ~ immer am Bach entlang leicht bergab ~ landschaftlich ist es hier traumhaft schön ~ durch einen Tunnel hindurch ~ danach steiler bergab.

Noch einmal durch einen Tunnel ~ es wird wieder etwas flacher, aber immer noch bergab ~ links befindet sich ein Wasserfall ~ links bei der Holzbrücke steigt der Weg ganz leicht

an ↝ wieder durch einen, in Stein gehauenen Tunnel ↝ es befindet sich auf der linken Seite ein schöner Aussichtspunkt ↝ nun wieder hinauf und unter der Hauptstraße hindurch ↝ in einem Linksbogen zur Hauptstraße hin.

Dort rechts auf die alte Zügenstraße ↝ es geht recht steil bergauf ↝ beim Abzweig nach Wiesen weiter auf der Hauptstraße nach Tiefencastel zur Bahnstation Wiesen ↝ es geht steil hinauf nach Wiesen.

Wiesen

Hinter Wiesen wieder bergab ↝ weiter nach Schmitten.

Schmitten

Die Straße wird im Ort sehr eng ↝ kurz darauf geht es nach Alvaneu hinein.

Alvaneu

PLZ: CH-7492; Vorwahl: 081

✦ **Kirche zur hl. Dreifaltigkeit.** 1634 wurde die Kirche mit den drei Altären zu Ehren der Pestheiligen Sebastian und Rochus eröffnet. 1855/56 mit Umbau der Kirche wurde die Schutzherrschaft von den beiden Heiligen auf die hl. Dreifaltigkeit übertragen.

⌂ **Bad Alvaneu**, Albulastraße, ÖZ: Mo-So 9-22 Uhr.

Von Alvaneu nach La Punt 32 km

Durch Alvaneu hindurch ↝ gegen Ortsende von Alvaneu links hinunter ↝ immer der steilen Asphaltstraße in Kehren folgen ↝ es geht über die Bahn und dann geradeaus weiter bis an die Hauptstraße ↝ hier rechts.

Tipp: Rennradfahrer wenden sich hier am am besten gleich nach links auf die Hauptstraße.

Alvaneu Bad

Am Ortsende links abbiegen ↝ anfangs auf Asphalt durch den Golfplatz und über die Brücke ↝ danach links auf den unbefestigten Weg ↝ anfangs durch den Wald.

Am Übungsplatz vom Golfplatz vorbei ↝ der Weg ist unbefestigt ↝ vorbei an einem Hof und weiter auf Asphalt ↝ bei der Weggabelung rechts halten ↝ weiter rechts vom Bach zum Campingplatz hin ↝ entlang des Campingplatzes auf Asphalt ↝ dem Asphaltband folgen ↝ links oberhalb liegt Filisur ↝ rechts ist ein Fußballplatz ↝ hier weiter geradeaus ↝ bei der nächsten Brücke links hinüber ↝ vor dem Kraftwerk linksherum ↝ bergauf nach Filisur.

Filisur

PLZ: 7477; Vorwahl: 081

✦ **Landwasserviadukt.** Das Viadukt der Rhätischen Bahn wurde zwischen 1906 und 1909 erbaut. Der 130 Meter lange, 65 Meter hohe Bogen überspannt die wilde Landwasserschlucht.

✦ **Europas höchstgelegenes alpines Gartencenter.**

Urkundlich erwähnt wurde Filisur zum ersten Mal 1262. Über die Entstehung des Ortes sind keine genauen Daten bekannt, außer dass er im Besitz der Herrschaft Greifenstein war. Ein wichtiges Ereignis für die Ortschaft war der Bahnbau von 1898-1903. 1914 wird das Romanische in diesem Gebiet vom Deutschen als Hauptsprache abgelöst.

In Filisur an der Vorfahrtsstraße rechts ↝ hinter Filisur geht es rechts hinunter zum Kraftwerk und Holzwerk.

Tipp: Rennradfahrer bleiben hier wieder auf der Hauptstraße.

Dort befindet sich auch eine Radbeschilderung ↝ unten im Tal bei den Holzwerken geradeaus an den Werksgebäuden entlang ↝ nach den Holzwerken über die Brücke und

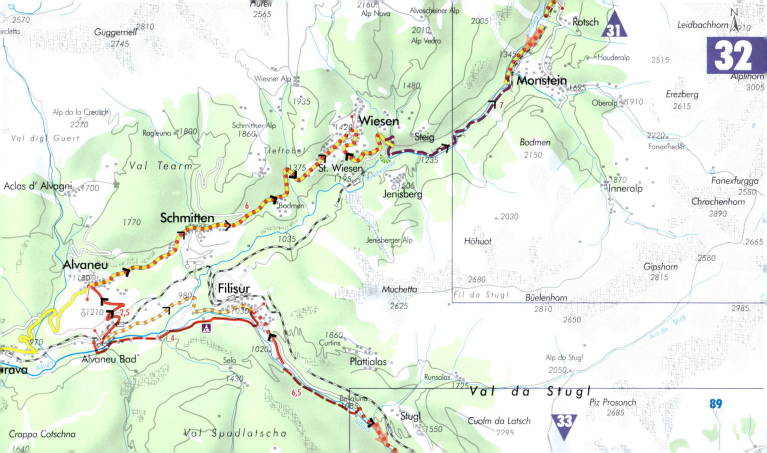

danach gleich links ∼ hier weist ein Schild die Radfahrer auf die Steigung hin: auf 19 Kilometer steigt der Weg um 1300 Meter an.

Weiter zum Kies- und Betonwerk ∼ hier wird der Weg unbefestigt ∼ weiter unten am Bach ∼ es geht durch das Schotterwerk hindurch entlang dieser Forststraße, die jedoch für KFZ unter 3,5 t erlaubt ist ∼ weiter zum Restaurant und Kulturhaus Bella Luna ∼ links daran vorbei ∼ auf der kleinen Straße zur Hauptstraße vor ∼ dort nach rechts ∼ stetig hinauf ∼ links taucht die Bahn auf ∼ hinunter nach Bergün.

Bergün
PLZ: 7482; Vorwahl: 081

- **Touristinformation**, Hauptstr. 83
- **Museum Bergün**. ÖZ: Di 14-18 Uhr, Mi 14-17 Uhr u. 19-21 Uhr, Do-So 14-18 Uhr. In diesem Museum kann man alles über die Albulalinie erfahren.

Die Ortschaft liegt 1376 Meter über dem Meeresspiegel am Fuß des Albulapasses, sie ist Ausgangspunkt für Erholungsurlaub in wunderschöner Natur. Bekannt dürfte der Ort vor allem aus dem Grund sein, weil der berühmte Film Heidi dort gedreht wurde.

Im Ort entlang der Rechts- und Linkskurve Richtung Albulapass ∼ im Ort ist der Weg gepflastert ∼ es geht bergauf ∼ dann wieder eben und asphaltiert.

Hinter Bergün ist es eben, der Asphalt jedoch ziemlich holprig ∼ nach dem Abzweig zum Campingplatz dann wieder leicht hinauf mit Blick auf ein Staubecken ∼ es wird wieder steiler ∼ beim Abzweig geradeaus weiter.

Es geht immer wieder unter der Bahn hindurch und steil bergauf ∼ wo die Bahn rechts parallel zum Radweg verläuft wird es eben ∼ es geht nach Preda.

Preda

In Preda taucht die Beschilderung der Veloroute 6 auf ∼ dieser Richtung St. Moritz folgen ∼ bis Preda geht es eher eben weiter ∼ ab hier wieder leicht bergauf.

Weiter zur Forschungsstation Alp-Weißenstein und nun stetig bergauf ∼ es geht langsam zur Baumgrenze ∼ nach der Baumgrenze gibt es einen bunten Pflanzenteppich und danach Schutt ∼ es wird wieder ebener ∼ die Straße ist breiter und besser ausgebaut ∼ seit dem Bella Luna sind es 19,1 Kilometer auf der Straße bis hinauf zum Albulapass auf 2.315 Meter ∼ nach dem Pass anfangs leicht bergab ∼ danach geht es wieder steiler bergab ∼ steil und in Kehren nach La Punt zurück und hinunter ins Inntal.

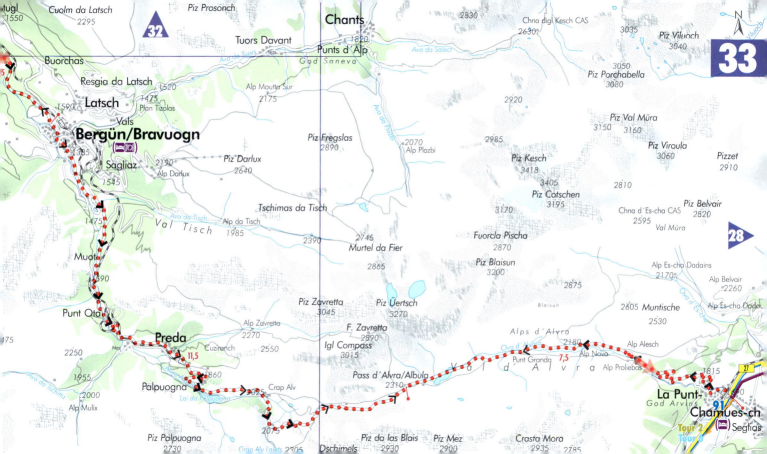

Tour 6

3-Täler Tour

Landschaftlich eindrucksvolle Rundtour durch das schweizerische Inntal, das Val Bernina und das italienische Valle di Livigno. Unvergleichliche Ein- und Ausblicke in die alpine Landschaft des Schweizer- und Italienischen Nationalparks erwarten Sie auf der anspruchsvollen Tour.

Von La Punt/Chamues geht es auf dem Inntal-Radweg nach Zernez. Durch das wildromantische Tal der Spöl und dem abenteuerlichen Munt la Schera Tunnel erreichen Sie den Lago di Livigno der sich kilometerlang bis Livigno erstreckt. Durch die karge, fast mondähnliche Landschaft rund um den Forcola di Livigno führt die Tour zum Berninapass, wo das atemberaubende Panorama der Berninagruppe die Szene beherrscht. Über die Oberengadiner Orte Pontresina und Samedan gelangen Sie wieder zurück nach La Punt/Chamues

Charakteristik
Länge: 96 km
Start/Ziel: La Punt
An- & Abreise: (Bahn, Auto): Mit der Bahn nach Innsbruck und von dort über Sargans, Landquart und Sagliains nach La Punt. Die Anreise per Bahn ist auch über Zürich und Chur möglich. Mit dem Auto erreichen Sie La Punt von München aus kommend über Innsbruck, von z. B. Bern aus kommend über Zürich, von z. B. Rom aus kommend über Florenz und Mailand.
Wegbeschaffenheit: Großteils Asphaltstraßen; teilweise Schotterstraße
Verkehr: Ein Großteil der Strecke verläuft

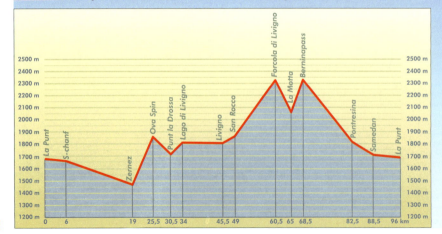

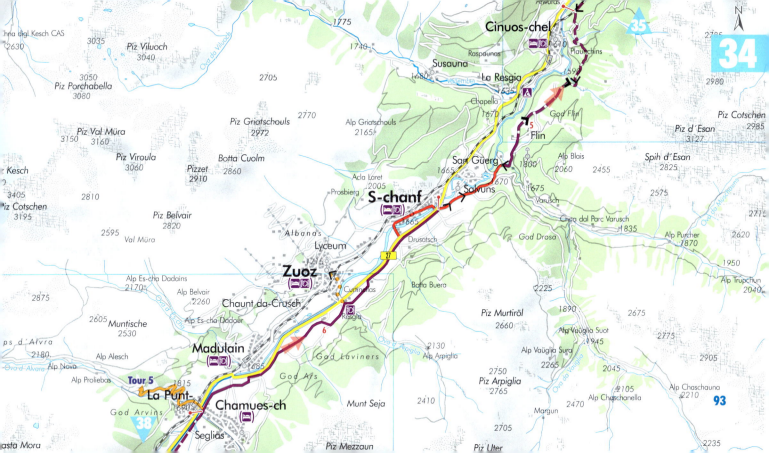

auf Hauptverkehrsstraßen. Die restliche Tour verläuft auf verkehrsarmen Nebenstraßen und stellenweise auf für den Verkehr gesperrten Forststraßen.

Steigungen: ein Teil des Ofenpasses, der Forcola di Livigno und ein Stück des Berninapasses sind zu bewältigen.

Beschilderung: Von Samedan nach Zernez ist die Route mit rot-blauen Schildern des Inn-Radweges mit der Nummer 6 ausgeschildert. Sonst keine Beschilderung.

Kombinierbar: Anbindung an die Tour 2, 4 und 5.

La Punt/Chamues-ch
PLZ: CH-7522; Vorwahl: 081
- Verkehrsbüro, ✆ 8542477
- San-Andrea-Kirche, in frühgotischem Stil, interessante Malereien und Fresken. Der Schlüssel ist beim Verkehrsbüro erhältlich.

Von La Punt nach Zernez   19 km

Vom Bahnhof in La Punt über Bundesstraße und Inn ~ links auf dem asphaltierten Weg geradeaus. Gegen Ortsende ist dieser für den Autoverkehr gesperrt ~ an der Kreuzung geradeaus weiter ~ immer dem Asphaltband folgen ~ vorbei am Restaurant Cempel sur En.

Tipp: Hier besteht die Möglichkeit einen Abstecher nach Zuoz zu unternehmen, um das Museum Caferama zu besuchen.

Zuoz
PLZ: CH-7524; Vorwahl: 081
- Touristinformation, ✆ 8541510
- Museum Caferama, in der höchstgelegenen Kaffeerösterei Europas. ÖZ: Do, Fr 14-18 Uhr.
- Kapelle San Bastiaun. Im Innern spätgotische Fresken.
- Kirche San Luzi. Mit Fenstermalereien von Giacometti und Casty.

1499 zwang das Dorf durch die „Taktik der verbrannten Erde" (bezeichnet eine Kriegstaktik, bei der eine Armee auf dem Rückzug vor dem Feind alles zerstört, was dem Gegner in irgendeiner Weise nützen könnte, manchmal auch ganze Städte) die Soldaten Kaiser Maximilians zum Rückzug. Das Dorf allerdings musste wiederaufgebaut werden. Viele wanderten aus, machten ihr Glück in der Ferne und kehrten als reiche Leute zurück, wovon noch die prächtig verzierten Patrizierhäuser zeugen.

Zuoz ist heute ein beliebter Ferienort und ein wichtiger Schulort. Sehenswert sind die Kapelle San Bastiaun mit spätgotischen Fresken, die Kirche San Luzi mit Fenstermalereien von Giacometti und Casty, sowie der Kerker und die St.-Katharina-Kirche. Die Schlüssel sind bei der Touristinformation erhältlich.

Nach dem Restaurant rechts hinauf ~ den Radschildern linksherum folgen ~ entlang des Asphaltbandes leicht hinunter zur Bundesstraße ~ weiter parallel zur Bundesstraße bis links die Unterführung S-chanf abgeht.

Unter der Unterführung durch nach S-chanf

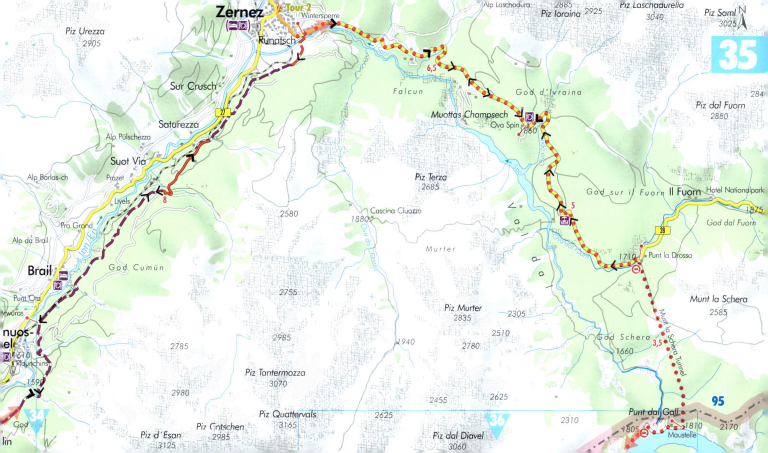

Lago di Livigno

~ über den Inn hinüber ~ in einer leichten Steigung hinauf nach S-chanf.

S-chanf
PLZ: CH-7525; Vorwahl: 081
🛈 Verkehrsverein, ✆ 8542255

Tipp: Für Rennradfahrer empfiehlt es sich bis Susch auf der Hauptstraße weiterzufahren.

Dort links am Brunnen vorbei und an der Querstraße rechts durch den Ort hindurch ~ vor der Kirche rechts hinunter und auf diesem Weg aus S-chanf hinaus ~ unter der Unterführung hindurch und danach halblinks bergauf ~ nach einer kurzen Zwischenabfahrt bei einer Gabelung nach links (Beschilderung „Zernez, Chinuos-Chel", MTB-Markierung Nr. 444) ~ an einem Parkplatz vorbei, leicht bergab ~ über eine Brücke ~ auf Schotter leicht bergauf ~ nach einigen hundert Metern bei zwei Gabelungen die jeweils linke Möglichkeit ~ bergauf zu einer Bachfurt, danach bergab ~ der Schotterstraße weiter leicht bergab folgen.

Nach einigen hundert Metern direkt neben der Eisenbahntrasse ~ später wieder leicht bergauf zu einer weiteren Furt, unterhalb eine Eisenbahnbrücke ~ in leichtem Auf und Ab weiter, bis zur Kehre einer Schotterstraße ~ hier steil bergauf ~ bei der nächsten Kehre gerade weiter und bergab in einen Graben mit einer Brücke ~ danach auf Asphalt und weiter bergab ~ Linkskehre und gerade bergauf wieder auf eine Schotterstraße ~ über einen Bach und wieder leicht bergab ~ bei einer Kreuzung gerade weiter ~ durch einen Steinbruch.

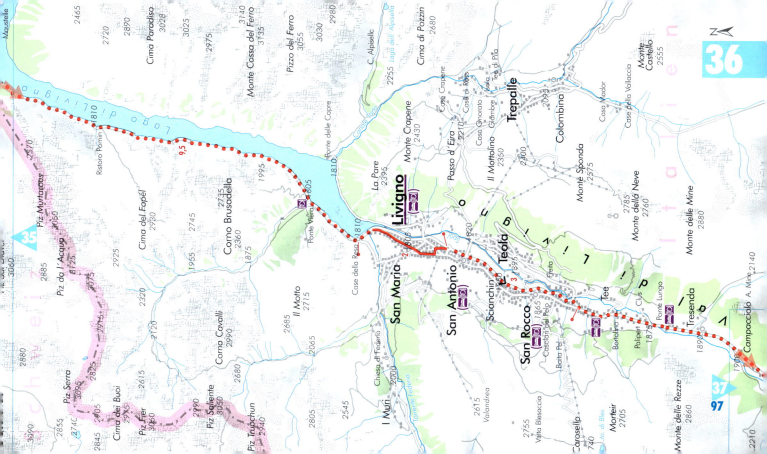

Berninapass

Bei der Gabelung ohne Wegweiser der Hauptmöglichkeit leicht bergab folgen ↝ nach einer Kreuzung mit einem Wanderweg stößt man auf eine Schotterstraßenkehre ↝ dem MTB-Wegweiser Nr. 444 steil bergab folgen ↝ aus dem Wald heraus und flach über eine Wiese zu einer T-Kreuzung, dort asphaltiert nach rechts ↝ nach 120 Metern eine Linkskurve und über eine überdachte Holzbrücke zur Hauptstraße ↝ links abbiegen und nach Zernez hinein.

Zernez
PLZ: CH-7530; Vorwahl: 081
🛈 **Verkehrsverein**, ✆ 8561300

🟢 **Nationalparkhaus und Nationalpark**, Informationszentrum ✆ 8561378. Der Nationalpark ist frei zugänglich. Für Führungen durch den Nationalpark ist eine Anmeldung beim Verkehrsverein spätestens bis zum Vorabend nötig. Der Nationalpark ist ein Naturreservat und dient dem Schutz der Fauna und Flora.

Von Zernez nach Livigno — 26,5 km

Die Tour führt hinter der überdachten Holzbrücke auf der Hauptstraße in Richtung Ofenpass weiter ↝ nach gut 500 Metern an der Schranke für die Wintersperre vorbei ↝ auf der Hauptstraße hinauf nach Ova Spin ↝ die nächsten gut 5 Kilometer geht es wieder bergab zur Grenzstation vor dem nördlichen Portal des Munt la Schera Tunnels.

Tipp: Der schmale Tunnel wird mittels Ampelregelung durchfahren, wodurch es zu einer Wartezeit kommen kann. Trotz des vorhandenen Radstreifens ist höchste Konzentration beim Fahren angesagt.

Nach dem Tunnel wird die Mautstelle passiert ↝ dann geht es über die Staumauer ↝ dahinter folgt wieder eine Grenzstelle ↝

Livigno

entlang des Stausees führt die Tour rund 9 Kilometer durch zahlreiche Tunnel entlang des Lago di Livigno nach Livigno.

An der Kreuzung bei der Kapelle vor Livigno bei km 44 nach links weiter ↝ 300 Meter später bei der Tankstelle nach rechts ↝ auf der alten Hauptstraße geht es rund einen Kilometer durch San Maria ↝ dann an der Kreuzung geradeaus ↝ 400 Meter darauf beginnt die Fußgängerzone von Livigno.

Livigno
Vorwahl: 0342
🛈 **APT**, Via dala Gesa 407a, ✆ 996379, www.aptlivigno.it

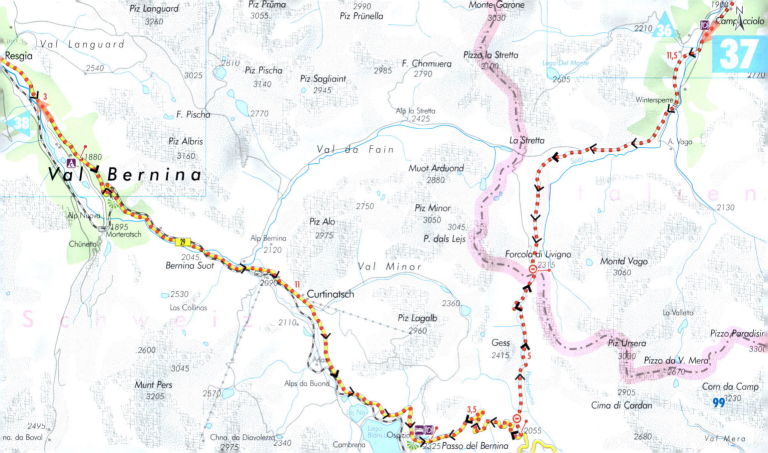

Der Ort liegt 1810 Meter über dem Meeresspiegel im einzigartig gelegenen Val di Livigno. Das Tal erstreckt sich rund 25 Kilometer durch das Kerngebiet der Rätischen Alpen zwischen der Berninagruppe im Südwesten und dem Stelvio. Das auf der Nordseite der Alpen gelegene Tal gehört nicht wie vermutet zum Einzugsgebiet des Po sondern entwässert in die Donau. Der Fluss Spöl (Aqua Granda) fließt vom Forcola di Livigno durch das gesamte Becken Livignos und mündet nach Durchquerung des Schweizer Nationalparkes bei Zernez in den Inn.

Von Livigno nach Samedan — 43 km

Hier vor der Fußgängerzone geht es auf der nach links führenden Straße weiter beim Kreisverkehr auf die neue Umfahrungsstraße einschwenken ~ auf dieser in südlicher Richtung weiter ~ auf der Hauptstraße an San Rocco und San Florino vorbei durch das von Lärchenwäldern geprägte Val di Livigno.

Bei km 56 wird die Schranke für die Wintersperre passiert ~ danach beginnt der steiler werdende Anstieg zum Forcola di Livigno ~ dieser auf 2315 Meter Seehöhe gelegene Pass ist bei km 60,5 erreicht.

Forcola di Livigno

Nach der Grenzstation geht es in rasanter Talfahrt hinunter nach La Motta ~ an der Kreuzung mit der Berninapassstraße befindet sich wieder eine Grenzstation ~ hier nach rechts ~ auf der Passstraße sind bis zum Berninapass noch knapp 300 Höhenmeter zu bewältigen.

Berninapass

Vom höchsten Punkt der Tour auf 2325 Meter Seehöhe geht es dann durch das Val

Val Bernina – Blick zur Bernina-Gruppe

Bernina hinunter nach Pontresina ~ weiters dominieren die Arven- und Lärchenwälder das imposante Landschaftsbild.

Tipp: Vom Parkplatz bei km 79 bietet sich ein großartiger Ausblick auf die Gletscher der Berninagruppe.

See beim Berninapass

An der Kreuzung bei km 82,5 geht es nach rechts ins Ortszentrum von Pontresina – die Tour führt aber auf der Hauptstraße geradeaus weiter.

Pontresina
PLZ: CH-7504; Vorwahl: 081
🛈 Kur- und Verkehrsverein - Tourist Office, ✆ 8388300

Am Kreisverkehr bei der Kreuzung mit der Bundesstraße 27 beginnt auf der linken Seite der Hauptstraße ein Radweg – dieser führt parallel zur Hauptstraße Richtung Samedan.

Samedan
PLZ: CH-7503; Vorwahl: 081
🛈 Samedan Toursimus, ✆ 8510060

🕖 Kirche St. Peter
✴ Alter Turm

Von Samedan nach La Punt   7,5 km

Tipp: Wer mit dem Rennrad unterwegs ist fährt in Samedan über die Innbrücke und im Ort rechts auf die Hauptstraße bis nach La Punt zurück.

Hier kurz vor der Brücke über den Inn – dort liegt auch das Ortszentrum von Samedan – rechts ab und über eine Holzbrücke entlang der Eisenbahn ~ über eine Rampe wieder hinunter zur Straße ~ parallel zur Straße um nach La Punt zu kommen ~ von der Brücke kommt man rechts eines Baches in ein Gewerbegebiet ~ dort geradeaus weiter ~ an der nächsten Kreuzung geradeaus weiter, ein Radschild ist vorhanden ~ vor dem Flugplatz links, hier wird auf Skater hingewiesen ~ am Flugplatzgelände vorbei.

Schnurgerade in die Wiesen hinaus ~ weiter auf dem Flugplatzgelände, rechts ist eine Lande- und Startbahn zu sehen ~ durch eine größere Baustelle hindurch ~ nach der

Val Bernina

Baustelle links weiter am Ufer vom See halten ~ der unbefestigte Weg führt an diesem See vorbei und windet sich durch die Wiesen ~ weiter zu einer Deponie rechter Hand ~ durch ein Gatter und über den Parkplatz bei der Deponie ~ geradeaus über die Asphaltkreuzung ~ wieder durch ein Gatter hindurch ~ auf dem unbefestigten Weg bis zum Inn vor ~ am Inn vorne nach rechts ~ auf diesem Weg am Inn entlang nach La Punt-Chamues.

La Punt-Chamues

Tour 7

Umbrail-Stelvio Runde

Diese Rundtour startet im malerischen Münstertal in der Schweiz und führt auf der Passstraße über den Umbrail Pass zum Stilfser Joch auf 2755 Meter mit überwältigender Aussicht. Vom Passo dello Stelvio/Stilfser Joch geht es bergab durch das Trafoier Tal bis nach Stilfs. Von hier führt die Route über Prad an die Etsch, auf dem idyllischen Fluss-Radweg gelangen Sie nach Glurns und die B 41 begleitet Sie wieder zurück in die Schweiz über Taufers und Müstair zum Hauptort des Val Müstair – Santa Maria.

Charakteristik
Länge: 55 km
Start/Ziel: Sta. Maria
An- & Abreise: (Bahn, Auto): Mit dem Auto gelangen Sie über den Brenner und Meran bzw. Landeck und den Reschenpass nach Schluderns auf der B 38/40 und von dort dann auf der B 41 nach Santa Maria. Mit der Bahn fahren Sie bis nach Meran und dann mit dem Bus weiter.
Wegbeschaffenheit: Großteils Asphaltstraßen; nur entlang der Etsch 1,5 km gekiester Radweg und hinter Prad.
Verkehr: Ein Großteil der Strecke verläuft auf Hauptverkehrsstraßen, die restlichen 8,5 km auf Radweg und Landwirtschaftswegen.
Steigungen: Der Umbrail-Pass (2505m) und das Stilfserjoch (2755m) sind zu bewältigen.
Beschilderung: Es ist keine einheitliche Beschilderung vorhanden.
Kombinierbar: Anbindung an die Tour 1, 4 und 8.

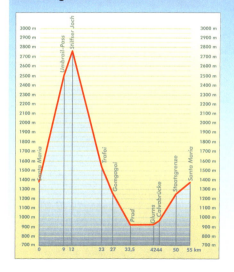

Santa Maria

PLZ: CH-7536; Vorwahl: 081

- **Tourissem Val Müstair**, I-Büro Sta. Maria, ✆ 8585727
- **Webstube Tessanda**, ÖZ: Mo-Fr 8-11.30 Uhr u. 13.30-18 Uhr, Sa 8-11.30 u. 14-17 Uhr
- **Sommerskifahren**: im Skigebiet Stilfserjoch, ÖZ: Juni-Okt, ✆ 8585727

In Santa Maria noch vor der Kirche links einbiegen Richtung Stilfser Joch ~ nun dem Verlauf der stark ansteigenden Straße folgen ~ es geht hinauf auf den Umbrail Pass.

Umbrail Pass (2505m)

Hier mündet die Passstraße in die B 38 ~ links halten ~ in Kehren geht es steil bergauf auf das Stilfser Joch.

Stilfser Joch (2755m)

Vom Stilfser Joch nun in zahlreichen Kehren 11 Kilometer steil bergab bis nach Trafoi.

Trafoi

Von Trafoi nun weiterhin bergab auf der B 38 ~ 4 Kilometer bis nach Gomagoi.

Gomagoi

Auch hinter Gomagoi auf der Bundesstraße bleiben und derem Verlauf folgen ~ vorbei an Stilfs geht es bergab.

Stilfs

Auf der Bundesstraße leicht bergab bis nach Prad.

Prad/Prato

PLZ: 39026; Vorwahl: 0473

- **Tourismusbüro**, ✆ 737062
- **Burgruine Lichtenberg**, die ehemalige Trutzfeste der Grafen von Tirol gegen den Bischof von Chur stammt aus dem 13. Jh.
- **St. Georgskirche**, Wallfahrtskirche, die ursprünglich gotische Kirche wurde um 1500 neu errichtet und barock ausgestattet.
- **St. Johann Kirche**, romanischer Bau mit abgesetzter Rundapsis und flacher Decke im Langhaus. Romanische Fresken vorhanden. Führungen: April-Okt Mi 10 Uhr, Anmeldung im Tourismusverein erforderlich.
- **Kapelle St. Christina** (Schlüssel im Haus unterhalb der Kapelle).
- **Aquaprad**, Besucherinformationszentrum des Nationalparks Stilfserjoch mit dem Ausstellungsthema „Wasserwelten,„ Fische im Gebirge, Aquarien und Seen und einheimische Fische. Dauerausstellung zum Nationalpark Stilfserjoch.

Mitten im Ort bei der Tourismusinformation links abbiegen und erstmal dem Straßenverlauf folgen ~ an der Querstrße rechts und gleich wieder links ~ geradeaus über die Brücke und rechts an den Sportplätzen vorbei ~ nun dem Wegverlauf zur Etsch hin folgen ~ direkt am Fluss links halten ~ nach zirka einem Kilometer rechts abbiegen ~ so gelangen Sie auf den Etschdamm ~ weiter auf dem Dammweg ~ der Asphalt endet auf Höhe von Schluderns ~ an der Querstraße geradeaus ~ rechts geht's nach Schluderns.

Schluderns/Sluderno

PLZ: 39020; Vorwahl: 0473

- **Tourismusbüro**, ✆ 737074
- **Vinschger Museum**, ✆ 615590, ÖZ: 20. März-31. Okt., Di-So 10-12 Uhr und 15-18 Uhr. Thema: Einmaligkeit des Tales im öko-sozial-kulturellen Bereich, kleinbäuerliches Ambiente. Es sind auch Teile der Grabungen vom Ganglegg ausgestellt – dabei handelt es sich um eine mehr als 2.000 Jahre ununterbrochen bewohnte Siedlung nördlich von Schluderns, die im 1. Jh. v. Chr. verlassen wurde.
- **Rüstungssammlung in der Churburg**, ÖZ: 20. März-31. Okt., Di-So 10-12 Uhr und 14-16.30 Uhr. Thema: Rüstkammer mit Rüstungen und Waffen der Burgherren.
- **Churburg**, ✆ 615241 (Fam. Tschenett), ÖZ: 20. März-

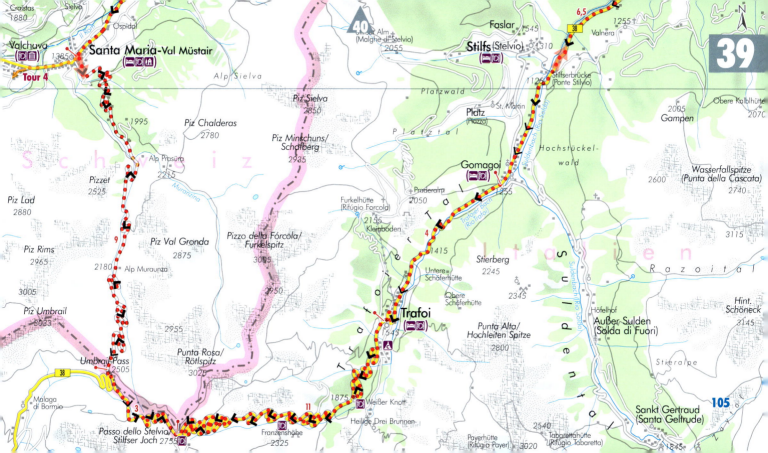

31. Okt., Di-So 10-12 Uhr und 14-16.30 Uhr, Besichtigung nur mit Führung. Im 13. Jh. unter den Bischöfen von Chur errichtet, seit Beginn des 16. Jhs. bis heute im Besitz der Grafen von Trapp, von diesem Geschlecht zu einer der schönsten Renaissance-Schlösser Südtirols umgestaltet, mit Nikolauskapelle und Kreuzgratgewölbe.

Auf dem unbefestigten Dammweg entlang der Etsch am Tosbecken der Etschwerke vorbei ~ nach rund einem Kilometer ans andere Ufer wechseln ~ bald darauf auf Asphalt rechts neben der Etsch weiter ~ so gelangen Sie nach Glurns.

Glurns/Glorenza
PLZ: 39020; Vorwahl: 0473
- **Tourismusbüro**, ✆ 737105
- historischer, mittelalterlicher **Stadtkern**
- **Pfarrkirche St. Pankratius**, spätgotischer Bau mit einem romanischen Kirchturm und barockem Helm.

Glurns ist heute mit seinen 850 Einwohnern verständlicherweise die kleinste Stadt Südtirols. Im 13. Jahrhundert wurde Glurns von den Landesfürsten auserkoren, der Sitz einer Gegenbewegung gegen die mächtigen Fürstbischöfe aus Chur zu sein. Wirtschaftlich erblühte Glurns, 1304 zur Stadt ernannt, im Mittelalter, unter anderem aufgrund ihres Stapelrechts für den Salzhandel. 1499 wurde das Städtchen vom Schweizer Heer im Zuge eines Plünderzuges zerstört, aber in der Folge von den Habsburgern wieder neu errichtet. Dieses mittelalterliche Stadtbild hat sich das Städtchen bis heute erhalten.

Hier an der Bundesstraße links halten Richtung Val Müstair ~ nun dem Verlauf der B 41 folgen ~ so gelangen Sie nach Taufers.

Taufers
Auf der Bundesstraße durch den Ort hindurch und auch Pontevilla durchfahren ~ über die Grenze in die Schweiz nach Müstair.

Müstair
- **Turissem Val Müstair**, I-Büro Müstair, ✆ 081/8585000
- **Kloster Müstair**, ÖZ: Mai-Okt. Mo-Sa 9-12 Uhr u. 13.30-17 Uhr; So/Fei 13.30-17 Uhr; Nov.-April Mo-Sa 10-12 Uhr u. 13.30-16.30 Uhr; So/Fei 13.30-16.30 Uhr. Der älteste Teil des Klosters stammt aus dem 8. Jh. Seit dieser Zeit wurde ständig umgebaut, dazugebaut und renoviert, darum besteht das Kloster aus vielen verschiedenen Stilen mit ihren typischen Merkmalen. Die Anlage war im Mittelalter ein wichtiger Stützpunkt für Politik, Wirtschaft und Kirche. Ursprünglich als Männerkloster erbaut, wurde es im 11./12. Jh. in ein Frauenkloster umgewandelt. Besonders bedeutendes Kulturgut sind der größte frühmittelalterliche Wandmalereizyklus und die romanische Bilderwelt aus dem 12./13. Jh. in der Kirche, weiters das älteste Monument Karls des Großen, der den Bau des Klosters massiv förderte und der Plantaturm aus 957 n. Chr., er gilt als das älteste Profangebäude des Alpenraumes.

Im Plantaturm befindet sich ein **Museum**, hier wird in einer Zeitreise die Geschichte des Klosters dargestellt.

Einfach auf der B 41 durch Müstair fahren und danach dem Verlauf der Bundesstraße durch das Val Müstair bis nach Sta. Maria folgen ~ somit ist der Ausgangspunkt erreicht und die Runde vollendet.

Santa Maria

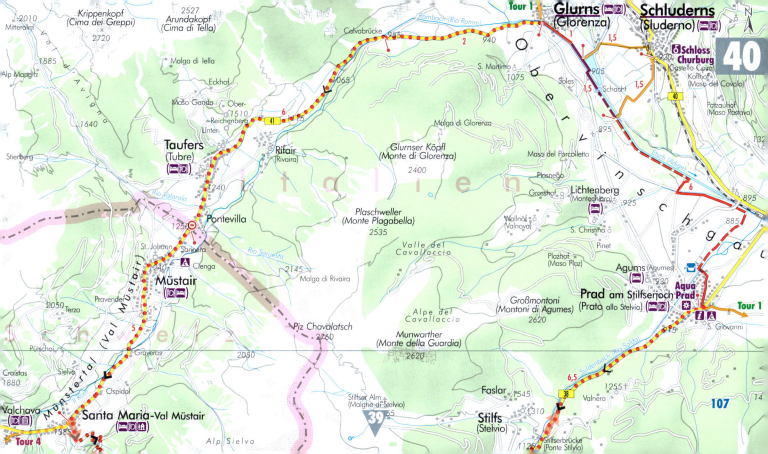

Tour 8 — Latsch nach Zernez

Latsch s. S. 31

An der Kreuzung im Ort nach links und einige Meter leicht bergauf ~ sogleich rechts auf den Radweg Richtung Morter ~ am Ortsbeginn die Straße ins Martelltal queren und direkt in die Ortschaft hinein.

Morter s. S. 31

Durch den Ort bergab und wieder auf den Radweg Richtung Schlanders ~ über die Gleise und die Etschbrücke weiter bis zur Weggabelung in den Obstwiesen vor Schlanders ~ links abbiegen in die Ortschaft Göflan.

Göflan s. S. 30

An der Etsch links über die Brücke ~ dann rechts auf den Vinschger Radweg in Richtung Laas ~ an der Etsch entlang (wird 2 mal überquert) bis in die Ortschaft Laas.

Laas s. S. 30

Auf der orographisch rechten Seite der Etsch durch das Marmordorf ~ geradeaus auf dem Etschdamm auf einer langen Geraden bis zur Straße, die von Eyrs nach Tschengls führt ~ an dieser links Richtung Tschengls ~ auf dem straßenbegleitenden Radweg bis unterhalb Tschengls und dann rechts und um **Tschengls** herum ~ wieder an der Straße angelangt rechts und nach 100 Metern links in den Feldweg nach Prad ~ am Ortseingang vorbei an der Sägemühle bis zur Hauptstraße.

Prad s. S. 28

An der Hauptstraße links und an der Kreuzung am Hauptplatz rechts ~ nach der Kirche über die Brücke und rechts ~ an der folgenden Kreuzung links in Richtung Handwerkerzone ~ nach zirka 700 Metern links ~ wieder rechts und am Ende der Handwerkerzone wieder auf den Vinschger Radweg ~ auf dem Etschdamm gemütlich weiter bis nach Glurns ~ an der Stadtmauer links und auf der Staatstraße weiter in Richtung Taufers und Schweizer Grenze.

Glurns/Glorenza s. S. 26

Auf der Hauptstraße durch den hübschen Ort ~ nach rechts abbiegen und über die Brücke die Etsch überqueren ~ zunächst am **Rambach** entlang ~ diesen schließlich überqueren und am anderen Ufer entlang an **Rifair** vorbeifahren ~ durch **Taufers** und bei **Puntweil** die Grenze zur Schweiz passieren ~ kurz darauf durch Müstair.

Müstair s. S. 66

Auf der **B 28** bergauf durch **Stielva** Richtung Sta. Maria.

Sta. Maria s. S. 66

Durch den malerischen Ort Sta. Maria ~ danach geradeaus weiter ~ links nach Valchava ~ an der Kirche rechts vorbei und kurz darauf erneut links ~ an der folgenden Kreuzung rechts weiter und der schmalen Asphaltstraße bergauf folgen ~ ein Holzgatter passieren.

Kurz danach links und bei einer Gabelung 300 m später rechts halten ~ der Schotterstraße bergauf folgen ~ über eine kleine Holzbrücke und ein kurzes Stück bergab ~ an der folgenden Kreuzung links ~ geradeaus leicht bergauf weiter ~ der Schotterweg mündet schließlich in einen asphaltierten Anliegerweg ein.

Fuldera

Links und kurz darauf eine kleine Brücke überqueren ~ weiter auf Asphalt durch den Ortsteil **Fuldera-Daint** ~ anschließend dem Schotterweg geradeaus Richtung Tschierv folgen ~ links auf die Bundesstraße.

Tschierv

Durch den Ort ~ der Hauptstraße über Serpentinen weiter bergauf folgen und am Gasthof auf dem Ofenpass vorbei.

Süsom Givé/Ofenpass

Auf der **B 28** bergab bis Zernez.

Zernez s. S. 68

Übernachtungsverzeichnis

Im Folgenden sind Hotels (H, Hg), Gasthöfe (Gh), Pensionen (P), Ferienwohnungen (Fw) und private Unterkünfte (Pz), aber auch Jugendherbergen (🅙) und Campingplätze (🅐) der meisten Orte entlang der Radrouten angeführt. Bei den speziell gekennzeichneten Übernachtungsmöglichkeiten handelt es sich um „radfreundliche" Betriebe. Jene Betriebe, die abseits der Strecke liegen, werden mit der Angabe der Kilometeranzahl gekennzeichnet. Die Orte sind in alphabetischer Reihenfolge aufgelistet.

Das Verzeichnis erhebt keinen Anspruch auf Vollständigkeit und stellt keine Empfehlung der einzelnen Betriebe dar.

Die römische Zahl (I–VI) nach der Telefonnummer gibt die Preisgruppe des betreffenden Betriebes an. Folgende Unterteilung liegt der Zuordnung zugrunde:

I unter € 15,–
II € 15,– bis € 23,–
III € 23,– bis € 30,–
IV € 30,– bis € 35,–
V € 35,– bis € 50,–
VI über € 50,–

Diese Preisgruppen lassen nur bedingt Rückschlüsse auf Qualität oder Ausstattung der Betriebe zu. Die nachstehenden €-Umrechnungskurse dienen zur leichteren Orientierung:

1 € = 1,48 CHF
1 CHF = 0,68 €

Die Preisgruppen beziehen sich auf den Preis pro Person in einem Doppelzimmer mit Dusche oder Bad incl. Frühstück. Übernachtungsbetriebe mit Zimmern ohne Bad oder Dusche, aber mit Etagenbad, sind durch das Symbol 🛁 nach der Preisgruppe gekennzeichnet.

Das Symbol 🙂 kennzeichnet „Radfreundliche Betriebe", das Symbol 😊 kennzeichnet „Radprofi Betriebe". Da wir das Verzeichnis stets erweitern, sind wir für Ihre Anregungen dankbar. Die einfache Eintragung erfolgt für die Betriebe natürlich kostenfrei.

Agums/Agumes (I)
PLZ: 39026; Vorwahl: 0473
- 🛈 Tourismusbüro Prad, ☎ 616034
- Pz Montonihof, ☎ 616247, II
- Pz Urlaubsruh, ☎ 616218, II
- Pz Schwarz, ☎ 616185, I-II
- Pz Schönau, ☎ 616092, II
- Pz Wallnöfer Ambroß, ☎ 616355, II
- Pz Haus Moriggl, ☎ 616057, I
- Pz Wallnöfer Annemarie, ☎ 616196, I-II

Algund/Lagundo (I)
PLZ: 39022; Vorwahl: 0473
- 🛈 Alte Landstr. 33b/Strada Vecchia, ☎ 448600
- H Gstör, Alte Landstr. 40/Strada Vecchia, ☎ 448555, III-IV
- H Laurin, Rosengartenstr. 6, ☎ 448589, IV-V
- P Dorner, J.-Weingartner-Str. 40, ☎ 443309, II
- P Heinrichshof, Rosengartenstr. 14, ☎ 220116, III
- P Plarserhof, Oberplars 34/Plars di Sopra, ☎ 448355, II
- P Schloss Plars, Plars di Mezzo 25, ☎ 448472, II-III
- P St. Kassian, St. Kassianweg 17, ☎ 448545, II
- P Alpenblick, Mitterplars 47/Plars di Mezzo, ☎ 448715, II
- P Leiter, Steinachstr. 8, ☎ 448369, II-III
- P Monya, Brauhausstr. 13/Via Birreria, ☎ 448521, II
- P Paradies, Alte Landstr. 20/Strada Vecchia, ☎ 448367, II
- P Schönblick, Rosengartenstr. 1, ☎ 443325, II
- P Weigele, St.-Kassian-Weg 20, ☎ 448520, II
- P Flora, Huebenweg 7, ☎ 448450, III-V
- P Mitterplarserhof, Plars di Mezzo 2, ☎ 221390, III-V
- P Öhlerhof, Mair im Kornstr. 18, ☎ 448357, III-V
- P Mutspitz, Rosengartenstr. 10, ☎ 443251, II-III
- P Rasner, Oberplars 51, ☎ 446773, II-III
- P Thalguter, Via San Ippolito 21, ☎ 448673, III-IV

- Gh Zum Stern, OT Mühlbach, P. Thalguterstr. 16, ☎ 448523, II
- P Hubertus, St. Kassianweg 10, ☎ 448473, III-IV
- P Oberdorner, Leitenweg 5, ☎ 448485, II-III
- P Spisshof, Leitenweg 10-12, ☎ 448654, III-IV
- P St. Hippolyt, St. Kassianweg 32, ☎ 233116, II-III
- P Vernetzerhof, Rosengartenstr. 16, ☎ 220125, II-III
- P An der Leit, Oberplars 9, ☎ 448588, II
- P Bognerhof, Mitterplars 17/Plars di Mezzo, ☎ 448650, II-III
- P Ehrenfried, Mitterplars 46/Plars di Mezzo, ☎ 448510, II
- P Elke, St. Kassianweg 30, ☎ 448437, I-II
- P Forsterhof, Brauhausstr. 45/Via Birreria, ☎ 448578, II-III
- P Friedheim, Rosengartenstr. 3, ☎ 222303, II-III
- P Ganthaler, Huebenweg 4, ☎ 448481, II-III
- P Haller, Etzenrichtstr. 4, ☎ 448171, III
- P Maratscher, Mitterplars 30/Plars di Mezzo, ☎ 448469, II-V
- P Monika, Mair im Kornstr. 21, ☎ 448622, I-II
- P Morenfeld, Mair im Kornstr. 2, ☎ 220145, II-III
- P Moser, Mitterplars 38/Plars di Mezzo, ☎ 448380, II-III
- P Niedermair, Oberplars 10/Plars di Sopra, ☎ 447400, II-III
- P Schönblick, Rosengartenstr. 1, ☎ 443325, II-III
- P Sonnenbrunn, St. Kassianweg 5, ☎ 448683, II-III
- P Sonngart, Mitterplars 35/Plars di Mezzo, ☎ 448456, II
- P St. Ulrich, Oberplars 43/Plars di Sopra, ☎ 448463, II-III
- P Ultenerhof, Rosengartenstr. 12, ☎ 443383, II-III
- P Waalstein, Oberplars 35/Plars di Sopra, ☎ 448699, II-III
- P Wartherhof, Steinachstr. 8, ☎ 448652, I-II
- P Alma, Breitofenweg 13, ☎ 220220, II
- P Feldegg, Mitterplars 32/Plars di Mezzo, ☎ 448615, II
- P Fröhlich, Mitterplars 22/Plars di Mezzo, ☎ 220184, II
- P Hauenstein, Mair im Kornstr. 6, ☎ 448704, II
- P Niederhof, Brauhausstr. 39/Via Birreria, ☎ 448644, II-III
- P Siller, Brauhausstr. 11/Via Birreria, ☎ 448518, II-III

- P Texelhof, Via S. Ippolito 10, ☎ 448536, I-II
- P Winklerhof, St. Kassianweg 12, ☎ 448384, II
- Pz Haus Mair, St. Hippolytstr. 4/Via S. Ippolito, ☎ 448501, II
- Pz Haus Tratter, Brauhausstr. 29/Via Birreria, ☎ 448454, II
- Pz Haus Hilde, Via Birreria 39a, ☎ 448394, II
- Pz Haus Huber, Brauhausstr. 25/Via Birreria, ☎ 448474, II
- Pz Huber unterm Baum, St. Kassianweg 38, ☎ 447362, II-IV
- Pz Humblhof, Mitterplars 16/Plars di Mezzo, ☎ 448687, II
- Pz Lichtenberg, Leitenweg 8, ☎ 443446, II-III
- Pz Panorama, Via S. Ippolito 6, ☎ 440333, II-III
- Pz Schönfeld, Rosengartenstr. 4, ☎ 448639, II
- Pz Untermairhof, Brauhausstr. 47/Via Birreria, ☎ 448693, I-II

Alvaneu (CH)
PLZ: 7492; Vorwahl: 081
- H Belfort, Alvaneu Dorf, ☎ 4041617, V-VI
- P Simmen, ☎ 4041192, III-IV

Ardez (CH)
PLZ: 7546; Vorwahl: 081
- 🛈 Verkehrsverein, ☎ 8622330
- H Alvetern, ☎ 8622144
- H Aurora, ☎ 8622323
- Pz Barbüda, ☎ 8622379, II
- Pz Blanc, ☎ 8622312, II
- Pz Cadonau, ☎ 8622193, II
- Pz Campbell, ☎ 8622107, II
- Pz Juon, ☎ 8622225, II
- Pz Planta, ☎ 8622441, II
- Pz Stupan, ☎ 8622469, II
- Pz Vonzun, ☎ 8622125, II
- Pz Peier, ☎ 8622230, III

Bergün (CH)
PLZ: 7482; Vorwahl: 081

- 🛈 Touristinformation, Hauptstr. 83
- H Bellaval, Bellaval, ☎ 4071209, V-VI
- H Piz Ela, Hauptstr. 87, ☎ 4072323, V-VI
- H Albula, ☎ 4071126, IV-VI
- H Sonnenheim, ☎ 4071129, IV-VI
- H Weisses Kreuz, ☎ 4071161, V-VI

Bever (CH)
PLZ: 7502; Vorwahl: 081
- 🛈 Tourismusverein, ☎ 8524945
- H Chesa Salis, ☎ 8524838, VI
- H Crasta Mora, ☎ 8525347
- P Korsonek, ☎ 8524428
- Pz Fried, ☎ 8521244, IV-V
- Pz Soland, ☎ 8525895, IV

Brail (CH)
PLZ: 7527; Vorwahl: 081
- H Post, Chesa Collina, ☎ 8541254, III-IV
- Pz Godly, ☎ 8541503, I
- Pz Graf, Ches'Alvetern, ☎ 8543904, I-II
- Pz Schnyder, ☎ 8542064, III

Burgeis/Burgusio (I)
PLZ: 39024; Vorwahl: 0473
- 🛈 Tourismusbüro, ☎ 831422
- Hg St. Jakob, Burgeis 176, ☎ 831555, III, info@sun-snow.it 🙂
- Hg Tiffany, Burgeis 128, ☎ 831245, II, garni.tiffany@rolmail.net 🙂
- Pz Haus Hubertus, Burgeis 187, ☎ 830093, III, info@haus-hubertus.it 🙂
- H Weisses Kreuz, ☎ 831307, IV
- H Zum Mohren, ☎ 831223
- H Maraias, ☎ 831276, II-III

Gh St. Nikolaus, ✆ 831360, II
P Plavina, ✆ 831223, IV-V
P St. Stefan, ✆ 831410, III
P St. Michael, ✆ 831121, III
P Brigitte, ✆ 831471, II-II
P Zum Christophorus, ✆ 831125, II-III
P Florian, ✆ 831401, II-III
P Platzer, ✆ 830097, II
P St. Johann, ✆ 831554, II
P Almrausch, ✆ 831437, II
P Haus Lärchenheim, ✆ 831561, I
P Zierriheld, ✆ 831120, II
P Sonnenhof, ✆ 831251
Pz Haus Erika, ✆ 831433
Pz Zwick, ✆ 831382
Pz Haus Peer, ✆ 831236, I-II
Pz Reinalter, ✆ 831545, I-II
Pz Moriggl, ✆ 830099
Pz Ferienheim Fabi, ✆ 831245, I
Bh Ferienhof Felderer, ✆ 831563

Celerina (CH)
PLZ: 7505; Vorwahl: 081
🅘 Celerina Tourismus, ✆ 8300011
H Cresta Kulm, ✆ 8308080, V-VI
H Posthaus, ✆ 8332222, V-VI
H Chesa Rosatsch, ✆ 8370101, V-VI
H Arturo, ✆ 8336685, V
H Misani, ✆ 8333314, III-VI
Hg Demont, ✆ 8336544, IV
Hg Trais Fluors, ✆ 8338885, III-IV
Hg Veltlinerkeller, ✆ 8322868, II
H Cresta-Run, ✆ 8330919, III-IV

H Stazersee, ✆ 8333808, III-IV
H Zur alten Brauerei, ✆ 8321874, III-IV
H Inn Lodge, ✆ 8344795, I-II

Champfèr (CH)
PLZ: 7512; Vorwahl: 081
H Chesa Guardalej, ✆ 8366300, V-VI
H Primula, Via Gunels 24, ✆ 8333696, V-VI

Cinuos-chel (CH)
PLZ: 7526; Vorwahl: 081
H Veduta, ✆ 8541253, V, veduta@bluewin.ch 😊
🅐 Camping Chapella Cinuos-chel, ✆ 8541206

Davos (CH)
PLZ: 7270; Vorwahl: 081
🅘 Touristinformation, Promenade 67, ✆ 4152121
H Flüela, Bahnhofstr. 5, ✆ 4101717
H Steigenberger, Promenade 89, ✆ 4156000
H Waldhotel Bellevue, Buolstr. 3, ✆ 4153747
H Central Sporthotel, Tobelmühlestr. 2, ✆ 4158200
H Cresta Sun, Talstr. 52, ✆ 4171616
H Arabellasheraton Derby, Promenade 139, ✆ 4179500
H Kongress, Promenade 94, ✆ 4171122
H Meierhof, Promenade 135, ✆ 4168285
H National, Obere Str. 31, ✆ 4136046
H Morosani Posthotel, Promenade 42, ✆ 4154500
H Morosani Schweizerhof, Promenade 50, ✆ 4155500
H Arabellasheraton Seehof, Promenade 159, ✆ 4161212
H Sunstar Park, Promenade 159, ✆ 4131414
H Arabellasheraton Waldhuus, Mattastr. 58, ✆ 4179333
H Turmhotel Victoria, Alte Flüelastr. 2, ✆ 4175300

Eyrs/Oris (I)
PLZ: 39023; Vorwahl: 0473
🅘 Tourismusbüro Laas, ✆ 626613

H Edelweiss, ✆ 739904, III-IV
Pz Frei Schönthaler, ✆ 739976, II
Pz Niederfriniger, ✆ 739819, I
Pz Tappeiner, ✆ 739952, I

Filisur (CH)
PLZ: 7477; Vorwahl: 081
H Schöntal, Bahnhofstr. 160, ✆ 4042172, V-VI
H Belluna, ✆ 4042000, IV
H Grischuna, ✆ 4041180, IV-VI
H Rätia, ✆ 4041105, V-VI

Fließ/Urgen (A)
PLZ: 6521; Vorwahl: 05449
Gh Neuen Zoll, Neuer Zoll 429, ✆ 20077
Gh Zum Löwen, Urgen 396, ✆ 5266
Pz Schütz, Dorf 100, ✆ 3 5253
Pz Kneringer, Dorf 148, ✆ 3 5374
Pz Walzl, Dorf 166, ✆ 5250
Pz Spiss, Urgen 68, ✆ 5278

Ftan (CH)
PLZ: 7551; Vorwahl: 081
🅘 Ftan Turissem, ✆ 8640557
H Relais & Château Hotel Haus Paradies, ✆ 8610808, VI
H Engiadina, ✆ 8640434, VI
H Sömiin, ✆ 8648837
Hg Garni Allegra, ✆ 8641957

Fuldera (CH)
PLZ: 7533; Vorwahl: 081
H Staila, ✆ 8585160

Glurns/Glorenza (I)
PLZ: 39020; Vorwahl: 0473
🅘 Tourismusbüro, ✆ 831097
H Post, ✆ 831208, III-IV

H Krone, ✆ 831440, III
Gh Weisses Kreuz, ✆ 831455, II
P Glurnserhof, ✆ 831607, II-III
Pz Thöni/Hofer, ✆ 831597, II
Pz Prieth, ✆ 831233, II
Pz Pratzner, ✆ 831285
Pz Haus Trauner, ✆ 831600, I-II

Goldrain/Coldrano (I)
PLZ: 39021; Vorwahl: 0473
🅘 Tourismusbüro Latsch, ✆ 623109
P Residence Obstgarten, Krummweg 22, ✆ 742168, II, pension.obstgarten@dnet.it 😊
H Goldrainer Hof, ✆ 742042, IV-VI
H Tappeiner, ✆ 742069, IV
Gh Laurin, ✆ 742694, III
P Obermoosburg, ✆ 742203, IV-V
P Obergrundhof, ✆ 742151, II-III
P Obkircher, ✆ 742014, II-III
P Andersag, ✆ 742091, II
P Marlene, ✆ 742387, I-II
P Försterhaus, ✆ 742508, I-II
P Torggl-Thaler, ✆ 742182, I-II
Pz Auenheim, ✆ 742086, I
Pz Haus Erlengrund, ✆ 742119, I
Pz Masslhof, ✆ 742064, I
Pz Waalhof, ✆ 742186, I-II

Graun (I)
PLZ: 39020; Vorwahl: 0473
🅘 Tourismusverein Vinschgauer Oberland, ✆ 634603 (St. Valentin) o. 633101 (Reschen)
H Zur Traube-Post, Hauptstr. 4, ✆ 633131, IV, info@traube-post.it 😊

P Goldener Adler, ✆ 633130, III
P Hubertus, ✆ 633182, II
P Theiner, ✆ 633231, I-II
Pz Haus zur Mühle, ✆ 633242, III

Guarda (CH)
PLZ: 7545; Vorwahl: 081
🛈 Verkehrsverein, ✆ 8622342
P Val Tuoi, ✆ 8622470, V, contact@pensionvaltuoi.ch ☺
H Meisser, ✆ 8622132
H Piz Buin, ✆ 8622424
Pz Franziscus, ✆ 8622465
Pz Viletta, ✆ 8622108
Pz Chasa Vulpi, ✆ 8622030 oder 8622459
Pz Dias, ✆ 8622526
Pz Bickel, ✆ 8622152
Pz Padrun, ✆ 8622430

Kastelbell/Castelbello (I)
PLZ: 39020; Vorwahl: 0473
🛈 Tourismusbüro, ✆ 624193
H Bauhof, ✆ 624145, IV-V
Gh Gstirnerhof, ✆ 624032, II-III
Gh Mondschein, ✆ 624117, II-III
P Panorama, ✆ 624183, II
P Stiag'n guat, ✆ 624007, II-III
P Haus Kofler, ✆ 624180, I-II
Pz Schlossblick, ✆ 624161, II
Pz Stadlrain, ✆ 624448, I
Fw Kaserer, ✆ 624398

Galsaun/Colsano:
Pz Ferdy's Exclusiv, ✆ 624029, III
Pz Wiesenheim, ✆ 624101, II

La Punt Chamues-ch (CH)
PLZ: 7522; Vorwahl: 081
🛈 Verkehrsverein, ✆ 8542477
H Albula, ✆ 8541284, V-VI
H Krone, ✆ 8541269, III-IV
Hg Chesa Plaz, ✆ 8512100, V-VI
Hg Ches'Antica, ✆ 8541517, IV

Laas/Lasa (I)
PLZ: 39023; Vorwahl: 0473
🛈 Tourismusbüro, ✆ 626613
Gh Sonne, ✆ 626523, III
Gh Schwarzer Adler, ✆ 626444, III
P Felius, ✆ 626555, II
Pz Haus De Martin, ✆ 626565, I-II
Pz Strimmer, ✆ 626580, I-II

Laatsch/Laudes (I)
PLZ: 39024; Vorwahl: 0473
🛈 Tourismusbüro, ✆ 831190
Gh Zum Lamm, ✆ 831336, II-IV
P Etschheim, ✆ 831460
Pz Palleschitz, ✆ 831571, I-II
Pz Wiesenhaus, ✆ 831284, I

Lafairs (A)
PLZ: 6542; Vorwahl: 0547
🛈 Tourismusverband Pfunds, ✆ 5229
H Lafairser Hof, Lafairs 373, ✆ 5251, V, info@lafairserhof.at ☺
Pz Netzer, Lafairs 161, ✆ 5922, I

Landeck (A)
PLZ: 6500; Vorwahl: 05442
🛈 Tourismusverband Tirol West – Infostelle Landeck, Malser Str. 10, ✆ 62344

H Schwarzer Adler, Malserstraße 8, ✆ 62316, IV-V
H Schrofenstein, Malserstr. 31, ✆ 62395, IV-V
H Post, Malserstr. 19, ✆ 6911, IV-V
H Sonne, Perfuchs, Herzog-Friedrich-Str. 10, ✆ 62519, III
Gh Greif, Marktplatz 6, ✆ 62268, V-VI
Gh Kaifenau, Bahnhofstr. 9, ✆ 68355, II-V
Gh Goldenes Fassl, Maiseng., ✆ 62476, II
P Paula, Perfuchs, ✆ 63371, II
P Kristill, Kristille 6, ✆ 62524, II-III
P Thialblick, Perfuchs, Burschweg 7, ✆ 62261, II
Pz Haus Paula, Herzog-Friedrich-Str. 32, ✆ 63371, II
Pz Haus Drexel, Prandtauersiedlung 10, ✆ 63045, I
Pz Haus Venet, Urichstr. 7, ✆ 64216, II
Pz Haus Traxl, Kristille 6a, ✆ 65069, II
Pz Haus Schuler, Ulrichstr. 21a, ✆ 66294, I
Pz Landhaus Zangerl, Herzog-Friedrich-Str. 14, ✆ 62676, I

Perjen:
H Mozart, Adamhofgasse 7, ✆ 64222, V
H Enzian, Adamhofgasse 6, ✆ 62066, V
H Nussbaumhof, Schrofensteinstr. 1, ✆ 62300, V
Pz Landhaus Vogt, Burgweg 3a, ✆ 67908, I-II
🏕 Camping Riffler, Burschweg 13, ✆ 64898
🏕 Sport Camp Tirol, Mühlkanal 1, ✆ 64636

Langtaufers (A)
PLZ: 39020; Vorwahl: 0473
H Langtaufererhof, Kappl 115, ✆ 633551, IV, langtaufererhof@rolmail.net ☺

Latsch/Laces (I)
PLZ: 39021; Vorwahl: 0473
🛈 Tourismusbüro, ✆ 623109
H Dolce Vita Paradies, Quellenweg 12, ✆ 622225, VI, info@hotelparadies.com ☺

H Dolce Vita Jagdhof, Herreng. 15, ✆ 622299, VI, info@jagdhof.com ☺
H Matillhof, Hans-Peggerstr. 6A, ✆ 623444, VI, info@hotelmatillhof.com ☺
H Latscherhof, Valtneidweg 1, ✆ 623152, V, latscherhof@rolmail.net ☺
H Montani, ✆ 742155, III-IV
H Vermoi, ✆ 623217
Gh an der Etsch, ✆ 623217, III
P Dietl, ✆ 623195, II-III
P Gallus, ✆ 623952, III
P Sattlerenglhof, ✆ 623030, II-III
P Tanja, ✆ 623336, II
P Tannenhof, ✆ 623373, III
P Wach, ✆ 623477, III
P Schöpf, ✆ 623201, II-III
P Rinner, ✆ 623202, III-IV
P Linser, ✆ 623407, II
P Sonnenberg, ✆ 623243, II
Pz Bachmann, ✆ 623350, I
Pz Janser, ✆ 623229, II
Pz Kartheinhof, ✆ 623397, II
Pz Neumatillhof, ✆ 623191, II
Pz Schnalserhof, ✆ 623223, I
Pz Trafoier, ✆ 623297, II
Pz von Marsoner, ✆ 623372, II
Pz Wiesenhof, ✆ 623222, II

Lavin (CH)
PLZ: 7543; Vorwahl: 081
🛈 Verkehrsverein, ✆ 8622040
H Piz Linard, ✆ 8622626, V-VI, hotel@pizlinard.ch ☺
H Crusch Alba, ✆ 8622653, III-IV

Pz Cuonz-Bonifazi, ✆ 8622748

Lü (CH)
PLZ: 7534; Vorwahl: 081
P Hirschen, ✆ 8585181, V-VI, rest_hirschen_lue@bluewin.ch

Madulain (CH)
PLZ: 7523; Vorwahl: 081
🛈 Touristinformation, ✆ 8541171
H Stüva Colani, ✆ 8541771, V-VI
⛺ Camping, ✆ 8540161

Mals/Malles (I)
PLZ: 39024; Vorwahl: 0473
🛈 Tourismusbüro, ✆ 831190
Gh Glieshof, Matsch 69, ✆ 842622, II, hotel@glieshof.it 😊
H Greif, Verdrosstr. 40/A, ✆ 831189, IV, info@hotel-greif.com 😊
H Panorama, Staatsstr. 5, ✆ 831186, IV, info@hotel-panorama-mals.it 😊
Gh Gerstl, Schlinig 4, ✆ 831416, III 😊
AVS Schutzhütte Sesvenna, Schlinig, ✆ 830234, II, info@sesvenna.it 😊
⛺ Camping Mals, Bahnhofstr. 51 ✆ 835179, II, campingmals@seq.it 😊
H Garberhof, ✆ 831399, V-VI
H Pension Tyrol, ✆ 831160, II-III
H Malserhof, ✆ 831145, III
H Watles, ✆ 831288
Hg Hirschen, ✆ 835050
Gh Iris, ✆ 831166, II-IV
G Sonne, ✆ 831132
P Krone, ✆ 831173, III

P Grauer Bär, ✆ 831126, III
Pz Haus Riedl, ✆ 831310, I-II
Pz Lechthaler, ✆ 831158, I
Pz Ortlerblick, ✆ 831486
⛺ Camping zum Löwen, ✆ 831598

Maloja (CH)
PLZ: 7516; Vorwahl: 081
🛈 Kur- und Verkehrsverein, ✆ 8243188
H Longhin, ✆ 8243131, IV-V
H Schweizerhaus, ✆ 8243455, III-VI
H Pöstli, ✆ 8243455, III-VI
H Sporthotel, ✆ 8243126, IV
Pz Chesa Alpina, ✆ 8243212, II
Pz Keller, ✆ 8243267, I

Martina (CH)
PLZ: 7560; Vorwahl: 081
🛈 Verkehrsverein Tschlin, ✆ 8663434
P Rezia, ✆ 8663236

Meran (I)
PLZ: 39012; Vorwahl: 0473
🛈 Kurverwaltung, Freiheitstr. 35/Corso Libertá, ✆ 272000
H Einsiedler, Naifstr. 29/Val di Nova, ✆ 232191, III-V
H Steiner, Laurinstr. 58/64, ✆ 448800, III-V
H St. Valentin, St.-Valentin-Str. 11, ✆ 237508, III-IV
H Bel Sit, Pendlstr. 2, ✆ 446484, III-V
H Daniela, Pfarrg. 31/Via Parrocchia, ✆ 236563, IV
P Riedingerhof, Schennastr. 45/Via Scena, ✆ 233273, III-V
P Verdorfer, Schennastr. 47/Via Scena, ✆ 232492, III-IV
P Villa Irene, Naifweg 1/Via Val die Nova, ✆ 232606, III-IV
P Angelica, Schennastr. 36/Via Scena, ✆ 234407, III-IV
P Grafenstein, Schennastr. 49/Via Scena, ✆ 234610, II
P Hecherhof, Finkweg 18, ✆ 233165, II-III

P Laura, Maiastr. 20, ✆ 237827, II-III
P Torgglbauer, Finkweg 23, ✆ 236926, II-III
P Filipinum, Parinistr. 3, ✆ 273273, II
Gh Rössl, Gampenstr. 105/Via Palade, ✆ 443389, II
P Jasmin, Giuseppe-Verdi-Str. 39, ✆ 446035, III-V
P Sirmian, Ifingerstr. 6, ✆ 232636, II-III
P Villa Sabine, Karl-Wolf-Str. 26, ✆ 446171, II
P Landhaus Weger, Labersstr. 35a, ✆ 234760, II
P St. Urban, Schallhofweg 16, ✆ 234966, III-V
P Winzerhof, Schallhofweg 3a, ✆ 230282, III-V
P Ausserweindlhof, Via della Cava 2a, ✆ 234203, III-IV
P Franziska, Fluggig. 1/Via Flugi, ✆ 237599
P Iris, Petrarca Str. 36, ✆ 449368, III-IV
P Planta, Haslerweg 9, ✆ 234536, II-VI
P Salvatorianerinnen, Via Belvedere 6, ✆ 235049, II-V
P Villa Freiheim, Parini Str. 1, ✆ 237342, III-IV
P Wessobrunn, Laurinstr. 99, ✆ 220320, III-IV
P Marienherberge, Schennastr. 14, ✆ 449354, II-III
P Ottmanngut, G.-Verdi-Str. 18, ✆ 449656, II-III
P Tyrol, XXX. Aprilstr. 8, ✆ 449719, II-III
P Villa Betty, Petrarcastr. 51, ✆ 233949, II
Gh Hanny, Goethestr. 76, ✆ 222329, III-IV
Gh Kofler, Peter-Mayr-Str. 4, ✆ 237295, III-IV
Gh Metz, Schennastr. 39/Via Scena, ✆ 234335, II-III
Gh Rainer, Laubeng. 266/Via Portici, ✆ 236149, IV-V
Gh Rosengarten, Georgenstr. 3, ✆ 234995, III
Gh Veneta, Klosterg. 2/Via Monastero, ✆ 449310, III-IV
Gh Ressmair, Romstr. 166/Via Roma, ✆ 236400, III
P Hofer, Pienzenauweg 1a, ✆ 231030, III-IV
P Weingut, Schallhofweg 1a, ✆ 237807, III-V
P Aster, Dantestr. 40, ✆ 232458, III
P Biene, Romstr. 219, ✆ 236360, II-V

P Diana, Gilmweg 8, ✆ 237300, II-III
P Doris, Karl-Wolf-Str. 711, ✆ 446193, III
P Gudrun, Petrarcastr. 49, ✆ 445118, III-IV
P Heidi, Ugo Foscolo Str. 50, ✆ 449594, II-III
P Ladurnerhof, G.-Verdi-Str. 52, ✆ 446024, III
P Lux, Segantinistr. 1, ✆ 447451, III-IV
P Maria Christine, Dantestr. 51, ✆ 236552, II
P Mathilde, Ugo Foscolo Str. 42, ✆ 449420, III
P Metropole, Freiheitsstr. 188/Corso Libertá, ✆ 446691, III
P Pallotiheim, Via delle Piante, ✆ 230132, II
P Parthaneshof, G.-Verdi-Str. 66, ✆ 446260, III
P Unterhaslerhof, Plantastr. 12, ✆ 233326, II
P Villa Capri, Maiastr. 14, ✆ 237651, II
P Villa Fanny, Gartenweg 2/Via Giardini, ✆ 233520, III-IV
P Villa Pax, Leichterg. 3a, ✆ 236290, II
P Domus Mea, Piavestr. 8, ✆ 236777, II

Morter (I)
PLZ: 39021; Vorwahl: 0473
🛈 Tourismusbüro Latsch, ✆ 623109
H Adler, Nibelungenstr. 41, ✆ 742038, IV, hoteladler@rolmail.net 😊
H Krone, ✆ 742115, III-V
P Georgshof, ✆ 742218, II-III
P Martin, ✆ 742049, III
P Plörer, ✆ 742127, II
P Daniel, ✆ 742051, II
Pz Haus Hanny, ✆ 742588, I
Pz Haus Strobl, ✆ 742153, I-II
Pz Haus Walder, ✆ 742144, I-II
Pz Rechenmacher, ✆ 742067, I

Muestair (CH)
PLZ: 7537; Vorwahl: 081

H **Helvetia AG**, Via Maisha 62, ✆ 8585555, V-VI, info@helvetia-jotel.ch 😊
H **Steinbock**, ✆ 8516010
H **Liun**, ✆ 8585154
H **Hirschen**, Val Maistra, ✆ 8585192
H **Münsterhof**, ✆ 8585541
H **Chavalatsch**, Purtatscha 11, ✆ 8585732
H **Chalavaina**, ✆ 8585468
P **Gästehaus Kloster St. Johann**, ✆ 8516288

Naturns/Naturno (I)
PLZ: 39025; Vorwahl: 0473
ℹ️ Tourismusverein, Rathausstr. 1/Via Municipio, ✆ 666077
H **Kreuzwirt**, Hauptstr. 47/Via Principale, ✆ 667110, III-IV
H **Schnalserhof**, Hauptstr. 121/Via Nazionale, ✆ 667219, II
H **Weingarten**, Schlossweg 20/Via Castello, ✆ 667299, III-IV
Gh **Mondschein**, Stein 20, ✆ 667143, II-IV
Gh **Zur Brücke**, Via Stazione 46, ✆ 668415, III
Gh **Falkenstein**, Schlossweg 15/Via Castello, ✆ 667123, II-III
Gh **Goldene Rose**, Via Castello 4, ✆ 667178, II-III
P **Etschland**, Am Park 15, ✆ 660024, II-V
P **Sonja**, Kompactscherstr. 25/Via Compaccio, ✆ 667489, II
P **Unterweggütl**, St.-Zeno-Str. 7, ✆ 667020, III
P **Brunner**, St.-Prokulusstr. 24, ✆ 667028, II
P **Astoria**, Gerberweg 14/Via Conciapelli, ✆ 667617, III-V
P **Bergland**, Feldg. 6/Via Campi, ✆ 667866, III
P **Fallrohrhof**, Fallrohrweg 12, ✆ 667378, II-III
P **Grünfeld**, Etschangerstr. 16/Via Adige, ✆ 667457, II-III
P **Lärchenhof**, Kellerbachweg 1, ✆ 667258, III-V
P **Maria**, Stein 30, ✆ 667411, V
P **Sylvanerhof**, Kugelg. 4/Via delle Bocce, ✆ 667283, II-IV
P **Laurin**, Hauptstr. 97/Via Principale, ✆ 667159, I-V
P **Bergblick**, Feldg. 7/Via Campi, ✆ 667193, III

P **Central**, Rathausstr. 6/Via Municipio, ✆ 667071, II-IV
P **Erdbeergarten**, Fallrohrweg 14, ✆ 667371, II
P **Humml**, Bahnhofstr. 14/Via Stazione, ✆ 667322, II
P **Marchegg**, St. Prokulusstr. 41, ✆ 667289, II-IV
P **Nikodemus**, Nr. 27, ✆ 667311, II-III
P **Oberreindlhof**, St. Prokulusstr. 12, ✆ 667650, II-III
P **Santner**, Bahnhofstr. 8/Via Statzione, ✆ 667225, II-III
P **Schmiedhof**, Schlossweg 3/Via Castello, ✆ 667428, II-III
P **Wiesenhof**, Hauptstr. 5/Via Principale, ✆ 667330, II-III
P **Götsch**, Bahnhofstr. 60/Via Stazione, ✆ 667538, II
P **Lechner**, Trögerstr. 4, ✆ 667485, II
P **Sonnblick**, Etschangerstr. 45/Via Adige, ✆ 667390, II
P **Unterreindlhof**, St. Prokulusstr. 6, ✆ 667098, II

Nauders (A)
PLZ: 6543; Vorwahl: 05473
ℹ️ Tourismusverband, ✆ 87220
H **Mein Almhof**, Nr. 314, ✆ 87313, VI, almhof@tirol-hotels.com 😊
H **Nauderer Hof**, Nr. 160, ✆ 87704, IV-VI, info@naudererhof.at 😊
H **Arabella**, Nr. 355, ✆ 87480, IV-V, info@hotel-arabella.at 😊
H **Central**, Nr. 196, ✆ 87221, V-VI, info@hotel-central.at 😊
H **Alpetta**, Nr. 359, ✆ 87573, II, alpetta@tirol.com 😊
Gh **Martha**, Nr. 296, ✆ 87338, III, gasthof.martha@aon.at 😊
P **Ploner**, Nr. 35, ✆ 87221, IV, 😊
P **Reiterhof**, Nr. 229, ✆ 87263, II, urlaub@reiterhof-nauders.com 😊
Pz **Haus Arina**, Nr. 392, ✆ 87765, II, baldauf@arina.at 😊
H **Edelweiß**, Nr. 256, ✆ 87252, IV, edelweiss.nauders@aon.at 😊
H **Regina**, Nr. 215, ✆ 87259, IV-V, reginahotel@aon.at 😊
H **Schwarzer Adler**, Nr. 33, ✆ 87254, V-VI, info@adlerhotel.at 😊
H **Tirolerhof**, Nr. 27, ✆ 86111, IV-V, tirolerhof@nauders.at 😊
Gh **Alpengasthof Norbertshöhe**, Martinsbruckstr. 223, ✆ 87241, norbertshoehe.hotel@tirol.com 😊
P **Regina**, Nr. 198, ✆ 87259, IV, reginahotel@aon.at 😊
P **Tirol**, Nr. 252, ✆ 87247, IV, info@astoria-nauders.com 😊
P **Haus Bergfrieden**, Nr. 288, ✆ 87278, II, info@bergfrieden-nauders.at 😊
P **Haus Collina**, Nr. 431, ✆ 87645, II-III, haus.collina@tirol.com 😊
P **Haus Elisabeth**, Nr. 255, ✆ 87681, I-II, alpinsport@aon.at 😊
P **Padöller**, Nr. 197, ✆ 87245, II, padoeller.d@nusurf.at 😊
P **Haus Tiroler Heimat**, Nr. 269, ✆ 87264, I-II, info@tiroler-heimat.at 😊
P **Harmonie**, Nr. 222, ✆ 87207, II, gutereise@aon.at 😊
Pz **Appartements Alpenblick**, Nr. 394, ✆ 87471, app.alpenblick@aon.at 😊
Pz **Appartements Blaas**, Nr. 142, ✆ 87630, appblaas@tele2.at 😊
Pz **Apart Bella Vista**, Nr. 454, ✆ 86282, bella.vista@aon.at 😊
Pz **Appartements Bellevue**, Nr. 424, ✆ 87794-0, bellevue@tirol.com 😊

Pz **Apart Padöller**, Nr. 416, ✆ 87629, info@apart-padoeller.com 😊
Pz **Haus Arnika**, Nr. 335, ✆ 87458, II, arnika.haus@aon.at 😊
Pz **Appartement Agerer**, Vogelhüttenweg 409, ✆ 87520, g.agerer@tsn.at 😊
Pz **Appartement Fabienne**, Nr. 427, ✆ 87587, folie@t-online.de 😊
Pz **Brigitte**, Oberdorf 433, ✆ 86144, haus.brigitte@mail.com 😊
Pz **Wackernell**, Nr. 123, ✆ 86297, angie@wackernell.at 😊
Fw **Allegra**, Nr. 333, ✆ 87588, haus.allegra@aon.at 😊
Fw **Haus Almrausch**, Nr. 381, ✆ 87554, almrausch@telering.at 😊
Fw **Haus Klapeer**, Nr. 120, ✆ 87341 😊
Fw **Haus Munt**, Munt 445, ✆ 86234, anni.federspiel@aon.at 😊
H **Astoria**, Nr. 350, ✆ 87310, III-IV
H **Bergblick**, Nr. 302, ✆ 87311, III-IV
H **Dreiländerblick**, Nr. 218, ✆ 87262, IV nur Halbpension
H **Erika**, Nr. 247, ✆ 87217, V
H **Hochland**, Nr. 183, ✆ 86222, IV
H **Maultasch**, Nr. 162, ✆ 86101, V nur Halbpension
H **Neue Burg**, Nr. 370, ✆ 87700, V-VI nur Halbpension
H **Post**, Nr. 37, ✆ 87202, V-VI
H **Tia Monte**, Nr. 30, ✆ 86240, V nur Halbpension
Hg **Alpina**, Nr. 225, ✆ 87603, III-IV
Hg **Via Claudia**, Nr. 406, ✆ 87797, II-III
Gh **Kristall**, Nr. 224, ✆ 87233, III
Gh **Lamm**, Nr. 44, ✆ 87257, III-IV
Gh **Zum Goldenen Löwen**, Nr. 36, ✆ 87208, III-IV

Gh Riatsch, Nr. 211, ✆ 87389, II
P Schlossberg, Nr. 275, ✆ 87328, II-III
P Landhaus Tia Monte, Nr. 418b, ✆ 86150, III
P Haus Albert, Nr. 272, ✆ 87688, II
P Angerhof, Nr. 249, ✆ 87363, I
P Haus Barbara, Nr. 189, ✆ 87445, II
P Rosenhof, Nr. 93, ✆ 86165, II
P Verzasca, Nr. 243, ✆ 87237, II-III
P Winkler, Nr. 61, ✆ 87238, I
P Winkler, Nr. 241, ✆ 87329, II
P Kroner, Nr. 240, ✆ 87291, II
P Landhaus Engadin, Nr. 395, ✆ 87351, II
Pz Alte Schmiede, Nr. 369, ✆ 87404, I-II
Pz Haus Alpenruh, Nr. 325, ✆ 87281, I-II
Pz Haus Anneliese, Nr. 372, ✆ 87416, I-II
Pz Auer, Nr. 446, ✆ 86158, II
Pz Brennerhof, Nr. 388, ✆ 87546, II
Pz Federspiel, Nr. 453, ✆ 87752, II
Pz Folie, Nr. 349, ✆ 87488, I-II
Pz Haus Gamper, Nr. 295, ✆ 87325, I-II
Pz Heim Geiger, Nr. 334, ✆ 87384, I-II
Pz Haus Julia, Nr. 323, ✆ 87309, I
Pz Jung, Nr. 78, ✆ 87360, II
Pz Haus Kaltenbacher, Nr. 341, ✆ 87346, I
Pz Kurz, Nr. 258, ✆ 87253, I
Pz Mair, Nr. 360, ✆ 87579, I-II
Pz Gästehaus Mangweth, Nr. 88, ✆ 87642, I
Pz Mangweth, Nr. 64, ✆ 87308, II
Pz Haus Maria, Nr. 271, ✆ 87665, II
Pz Haus Mondin, Nr. 266, ✆ 87279, II
Pz Haus Morgensonne, Nr. 330, ✆ 87307, II
Pz Haus Panorama, Nr. 321, ✆ 87365, II

Pz Piz Lad, Nr. 408, ✆ 87547, II
Pz Prugg, Nr. 306, ✆ 87565, I
Pz Haus Rosa, Nr. 280, ✆ 87335, I
Pz Salzgeber, Nr. 391, ✆ 87755, II
Pz Schöne Aussicht, Nr. 331, ✆ 87412, II
Pz Schranz, Nr. 305, ✆ 87494, I
Pz Seifert,, Nr. 188, ✆ 87376, I
P Gästeheim Sigrid, Nr. 373, ✆ 87429, II
Pz Haus Sonneck, Nr. 267, ✆ 87541, II
Pz Stecher, Nr. 319, ✆ 87373, II
Pz St. Leonhard, Nr. 338, ✆ 87743, II
Pz Vergißmeinicht, Nr. 357, ✆ 87426, II
Pz Waldegger, Nr. 72, ✆ 87730, I
Pz Waldegger, Nr. 72, ✆ 87513, I
Pz Wolf, Nr. 157, ✆ 87466, I
Pz Zentner, Nr. 238, ✆ 87321, I
Pz Fortuna, Nr. 411, ✆ 87244, II
Pz Habicher, Nr. 70, ✆ 87619, I
Pz Rudigier, Nr. 343, ✆ 87537, I-II
Pz Spöttl, Nr. 259, ✆ 87493, I
Pz Sprenger, Nr. 71, ✆ 87796, I
▲ Alpencamping Nauders, Nr. 279, ✆ 87266

Pfunds (A)
PLZ: 6542; Vorwahl: 05474
ℹ Tourismusinformation, ✆ 5229
Gh Berghof, Greit 364, ✆ 5254, II, berghof@pfunds.to ☺
H Kajetansbrücke, Reschenstr. 391, ✆ 5831, III, kajet ansbruecke@tirol.com ☺
Gh Berggasthof Alpenrose, Kobl 189, ✆ 5277, al-penrose-pfunds@netway.at ☺
Gh Hirschen, Pfunds 92, ✆ 5204, I-II
Gh Nogglerhof, Pfunds 185, ✆ 5859,

nogglerhof@aon.at ☺
P Fuchs, Mardummelweg 281, ✆ 5452, office@pension-fuchs.com ☺
P Gabl, Dorfstr. 104, ✆ 5060, II, pension@gabl.at ☺
Pz Schuchter, Mure 503, ✆ 5513, II, r.schuchter@utanet.at ☺
Pz Spiss, Gedoaniweg 472, ✆ 5331 ☺
Pz Bergblick, Mure 330, ✆ 5318, I, bergblick@pfunds.at ☺
Pz Moritz, Dorfstr. 132, ✆ 5409, ledererhof.moritz@aon.at ☺
Fw Gspan, Mure 509, ✆ 5084, p.gspan@tsn.at ☺
Pz Schöne Aussicht, Pfunds 345, ✆ 5238, II
Pz Gunsch, Pfunds 303, ✆ 5071, I
Pz Olympia, Pfunds 341, ✆ 5255, I
Pz Petrasch, Pfunds 355, ✆ 5226, I-II
Pz Thöni, Pfunds 469, ✆ 5670, I
Pz Wachter, Pfunds 350, ✆ 5410, I
Pz Gschleizhof, Gschleiz 496, ✆ 5515, I
Pz Thöni, Gschleiz 334, ✆ 5928, I

Dorf:
Gh Bambi, Gonde 362, ✆ 5278, II, bambi-pfunds@aon.at ☺
Pz Jenewein, Dorf 335, ✆ 5007, II
Pz Gatter, Dorf 407, ✆ 5309, II
Pz Netzer, Dorf 332, ✆ 5947, I
Pz Ledererhof, Dorf 132, ✆ 5409, II
Pz Plangger, Dorf 66, ✆ 5254, I-II

Stuben:
Gh Traube, Stubener-Str. 10, ✆ 5210, III, office@gasthof-traube.com ☺
P Alpenblick, Mardummelweg 281, ✆ 5246, II,

alpenblick@pfunds.to ☺
P Fundus, Zollhäuserweg 265, ✆ 5248, II, info@pension-fundus.com ☺
P Plangger, Stubener Str. 295, ✆ 5288, II, pension.pl angger@utanet.at ☺
P St. Lukas, Dorfstr. 47, ✆ 5476, I-II, info@micheluzzi.com ☺
Pz File, Vogelweide 435, ✆ 5348, I-II, babsi.ladner@utanet.at ☺
H Austria, Stuben 293, ✆ 5261, III-IV
H Edelweiss, Stuben 292, ✆ 5264, II-III
H Kreuz, Stuben 43, ✆ 5218, III
H Zur Post, Stuben 32, ✆ 5711, III
H Sonne, Stuben 299, ✆ 5232, III
H Tyrol, Stuben 296, ✆ 5247, III-IV
Gh Mohren, Stuben 6, ✆ 5219, II
P Fuchs, Stuben 438, ✆ 5210, II
P Grein, Stuben 282, ✆ 5228, II
P St. Antonius, Stuben 289, ✆ 5291, II
Pz Federspiel, Stuben 422, ✆ 5375, I-II
Pz Köhle, Stuben 309, ✆ 5353, I
Pz Köhle, Stuben 454, ✆ 5900, II
Pz Öttl, Stuben 421, ✆ 5005, I
Pz Palman, Stuben 284, ✆ 5393, I
Pz Stecher, Stuben 306, ✆ 5019, I
Pz Haus Margreth, Stuben 436, ✆ 5471, I-II

Plaus (I)
PLZ: 39025; Vorwahl: 0473
H Schulerhof, Gröbenweg 8b, ✆ 660096, III-V
P Erlengrund, Bahnhofstr. 61/Via Stazione, ✆ 660041, III-IV
P Plauserhof, Bahnhofstr. 58/Via Stazione, ✆ 660123, II-III
P Tirolerhof, Sägeweg 69/Via Segheria, ✆ 660015, II-III

P Alpenland, Gröbenweg 8a, ✆ 660062, I-II
P Ulrichshof, Sägeweg 42/Via Sehgeria, ✆ 660127, I-II
P Sonnwend, Hilbweg 49, ✆ 660082, I-II
Bh Gröbenwirt, Gröbenweg 9, ✆ 660014, I-II

Prad/Prato allo Stelvio (I)
PLZ: 39026; Vorwahl: 0473
🛈 Tourismusbüro, ✆ 737062
Gh Zur Neuen Post, Am Dorfplatz 36, ✆ 616062, III, info@hotel-neuepost.com ☺
⛺ Kiefernhain, Kiefernhainweg, ✆ 616422, III, camping.kiefernhain@rolmail.net ☺
⛺ Sägemühle, Dornweg 12, ✆ 616078, III, camp.saege@rolmail.net ☺
Gh Stern, ✆ 616123

Preda (CH) PLZ: 7482; Vorwahl: 081
H Preda Kulm, ✆ 4071146, V-VI
P Vegi-Pension Sonnenhof SGV, ✆ 4071398, V-VI

Prutz (A)
PLZ: 6522; Vorwahl: 05472
🛈 Tourismusverband Tiroler Oberland, A-6531 Ried, ✆ 6421
H Post, Prutz 17, ✆ 6217, III-V
Gh Gemse, Prutz 1, ✆ 6204, II-III
Gh Rose, Prutz 27, ✆ 6265, II-III
Gh Viktoria, Mühlgasse 110, ✆ 6981, III-IV
P Waldheim, Prutz 116, ✆ 6655, II
P Haus Marianne, Prutz 273, ✆ 6728, II
P Wallnöfer, Prutz 2, ✆ 6253, I-II
Pz Falch, Prutz 222, ✆ 6287, I-II
Pz Jammer, Prutz 278, ✆ 6148, II
Pz Lutz, Prutz 197, ✆ 6433, I-II
Pz Mark, Prutz 188, ✆ 6650, II

Ramosch (CH)
PLZ: 7556; Vorwahl: 081
🛈 Verkehrsverein, ✆ 079 2302930
H Heinrich, ✆ 8601200, III
P Bellavista, ✆ 8663113, II
H Post, ✆ 8663162

Reschen (I)
PLZ: 39027; Vorwahl: 0473
🛈 Tourismusverein Vinschgauer Oberland, ✆ 634603 (St. Valentin) o. 633101 (Reschen)
P Villa Claudia Augusta, Neudorf 5, ✆ 633160, V, ku rt.ziernhold@rolmail.net ☺
H Ortlerspitze, Hauptstr. 15, ✆ 634631, IV, info@hotel-ortlerspitz.com ☺
H Edelweiss, Reschen 28, ✆ 633142, III, h.edelweiss@rolmail.net ☺
H Reschnerhof, Hauptstr. 47, ✆ 633169, IV, info@reschnerhof.it ☺
P Garni Marlene, Hauptstr. 37 ✆ 633123, IV, garni.m arlene@rolmail.net ☺
H Zum Mohren, ✆ 633120
H Etschquelle, ✆ 633125, IV
P Panorama, ✆ 633187, III-IV
H Seehotel, ✆ 633118
H Reschenscheideck, ✆ 633117, III
Gh Schwarzer Adler, ✆ 633110, II-III
P Haus An der Schanz, ✆ 633139, II
P Bergheim, ✆ 633277
P Christine, ✆ 633241, III
P Schönebenblick, ✆ 633218, III
P Linde, ✆ 633151, II

P Vergißmeinicht, ✆ 633150, II
P Wallnöfer, ✆ 633227
P Cafe Erna, ✆ 633145
Pz Haus Lechthaler, ✆ 633202, II
Pz Haus Seeblick, ✆ 633186, II

Ried (A)
PLZ: A-6531; Vorwahl: 05472
🛈 Tourismusverband Tiroler Oberland, ✆ 6421
H Belvedere, Ried 176, ✆ 6328, III-IV
H Linde, Ried 80, ✆ 6270, III-VI
Gh Riederstubn, Ried 3, ✆ 6512, II-III
P Haus Tirol, Ried 151, ✆ 6290, II
P Chalet Tschallener, Ried 145, ✆ 6407, I-II
Pz Delacher, Ried 169, ✆ 6582, I-II
Pz Haus Gartenland, Ried 155, ✆ 6457, II
Pz Handle, Ried 167, ✆ 2232, II
Pz Obernauer, Ried 102, ✆ 6497, I-II
Pz Haus Cäcilia, Ried 144, ✆ 6517, I-II
Pz Haus Sailer, Ried 2, ✆ 6474, I-II
Pz Haus Stecher, Ried 129, ✆ 6413, I-II
Pz Haus Strobl, Ried 186, ✆ 6573, I-II
Pz Haus Wildauer, Ried 33, ✆ 6405, I-II

S-chanf (CH)
PLZ: 7525; Vorwahl: 081
🛈 Verkehrsverein, ✆ 8542255
H Scaletta, ✆ 8540304, V-VI, info@scaletta.ch ☺
P Parkhütte Varusch, ✆ 8543122, III ☺
H Parc-Hotel Aurora, ✆ 8541264, III-VI
Gh Sternen, ✆ 8541263, III-IV
Gh Traube, ✆ 8541264, IV

Samedan (CH)
PLZ: 7503; Vorwahl: 081
🛈 Samedan Tourismus, ✆ 8510060
H Bernina, Plazzez 20, ✆ 8521212, V-VI
H Chesa Quadratscha, ✆ 8524257, V-VI
⛺ Camping TCS „Punt Muragl", ✆ 8428197

Samnaun (CH)
PLZ: 7563; Vorwahl: 081
H Bündnerhof, Votlasstr. 10, ✆ 8618500, V-VI, info@buendnerhof.com ☺
H Laret, Laret Straße 9, ✆ 8685129, V-VI, info@laret.ch ☺
H Chasa Montana, Dorfstr. 30, ✆ 8619000, VI, info@hotelchasamontana.ch ☺
H Apart Hotel Chasa Alvetern, Pozstr. 30, ✆ 8602233, V, alvetern.davaz@bluewin.ch ☺
H Romantica, Schulstr. 6, ✆ 8685436, IV, info@hotelromantica.ch ☺

San Niclà (CH)
🛈 Verkehrsverein Tschlin, 7560 Martina, ✆ 8663434
P Etter, ✆ 8663647

Santa Maria (CH)
PLZ: 7536; Vorwahl: 081
H Stelvio, ✆ 8585358, V, info@allegro-tourismus.ch ☺
H Alpina, ✆ 8585117, V, alpina@santamaria.ch ☺
JH Chasa Plaz, ✆ 8585661, II-III, sta.maria@youthhostel.ch ☺
H Piz Umbrail, ✆ 8585505
H Crusch Alba, Hauptstraße, ✆ 8585106
H Schweizerhof, ✆ 8585124
H Chasa Capol, ✆ 8585728

Schlanders/Silandro (I)
PLZ: 39028; Vorwahl: 0473
🛈 Tourismusbüro, ☎ 730155
H **Vinschgerhof**, Vetzan 37, ☎ 621400, V, vhf@dnet.it 😊
P **Landhaus Fux**, Vetzan 62, ☎ 742131, V, info@apparthotel-fux.com 😊
H Vier Jahreszeiten, ☎ 621400, VI
H Goldene Rose, ☎ 730218, III
H Goldener Löwe, ☎ 730188, III-IV
H Zur Linde, ☎ 730060, III-IV
H Schwarzer Widder, ☎ 730000, III
H Steinberger, ☎ 730314, III
Gh Schwarzer Adler, ☎ 730222, II
P Schlossgarten, ☎ 730424, V
P Pernthaler, ☎ 730035, III
P Schweitzer, ☎ 730174, III
P Claudia, ☎ 730303, II
P Gulfer, ☎ 730453, II
P Kortscherhof, ☎ 730519
P Tannenheim, ☎ 730041, II
P Villa Monica, ☎ 730597, II
Pz Sonja, ☎ 730508, II
Pz Haus Mairösl, ☎ 730052, I-II
Pz Jägerheim, ☎ 730432, II
Pz Koch, ☎ 730378, II
Pz Riedhof, ☎ 730745, I

Schleis/Clusio (I)
PLZ: 39024; Vorwahl: 0473
🛈 Tourismusbüro, ☎ 831190
Gh Goldener Adler, ☎ 831139, I-III

P Marianne, ☎ 831588, II
P Arunda, ☎ 831370
Pz Maschgurat, ☎ 831491, I-II

Schluderns/Sluderno (I)
PLZ: 39020; Vorwahl: 0473
🛈 Tourismusbüro, ☎ 615258
H **Gufler**, Konfall 9, ☎ 615275, IV, info@hotel-gufler.com 😊
P **Hausergut**, Auenweg 3 ☎ 615326, II 😊
H Engel, ☎ 615278, IV
H Alte Mühle, ☎ 615238, III-IV
Gh Weisses Kreuz, ☎ 615282, II
Gh Panorama, ☎ 615211, III
P Ortlerblick, ☎ 615286, III-IV
P Kaffee Helene, ☎ 615272, II
P Blaas, ☎ 615208, I-II
P Walter, ☎ 615265, I-II
Pz Längerer, ☎ 615274, I-II
Pz Messmer, ☎ 615010, I-II
Pz Mayrhof, ☎ 615207, II
Pz Villa Weishaupt, ☎ 615305, II-III

Scuol (CH)
PLZ: 7550; Vorwahl: 081
🛈 ENGADIN/Scuol Tourismus AG, ☎ 8612222
H **Belvedere**, Stradun, ☎ 8610606, VI, info@belvedere-scuol.ch 😊
H **Bellaval**, Via da Ftan, ☎ 8641481, VI, info@bellaval-scuol.ch 😊
H **Traube**, Via da l'ospidal ☎ 8610700, VI, info@traube.ch 😊
H **Altana**, Via da la staziun, ☎ 8611111, VI, hotel@altana.ch 😊

H **Collina**, Stradun, ☎ 8640393, V-VI, collina@bluewin.ch 😊
Il **Curuna**, Stradun, ☎ 8641451, VI, curuna-scuol@bluewin.ch 😊
H **Crusch Alba**, Clozza 246, ☎ 8641155, VI, info@crusch-alba.ch 😊
Hg **Arnica**, Brentsch 417, ☎ 8647120, V, info@arnica-scuol.ch 😊
Gh **Mayor**, S-charl, ☎ 8641412, VI 😊
H Robinson Club Scuol Palace, ☎ 8611200, VI
H Chasa Belvair, ☎ 8612500, VI
H Astras, ☎ 8641125, VI
H Conrad, ☎ 8641717, VI
H Filli, ☎ 8649927, VI
H Gabriel, ☎ 8641152, VI
H Guardaval, ☎ 8641321, VI
H Engiadina, ☎ 8641421, V-VI
H Grusaida, ☎ 8641474, III-IV
H Quellenhof, ☎ 8641215
Hg Tulai, ☎ 8649921
Hg Panorama, ☎ 8641071, V
Gh Chasa Sofia, ☎ 8648707, V

Sils/Segl-Maria (CH)
PLZ: 7514; Vorwahl: 081
🛈 Verkehrsverein, ☎ 8385050
H Edelweiss, ☎ 8266626, VI
H Margna, ☎ 8265306, VI
H Chesa Margun, ☎ 8265050, V-VI
H Maria, ☎ 8265317, VI
H Post, ☎ 8384444, V-VI
H Pensiun Privata, ☎ 8265247, VI
H Seraina, ☎ 8265292, VI

H Villa Mira Margna, ☎ 8265240, VI
H Club Hotel Schweizerhof, ☎ 8265757, VI
P Andreola + Chesa Marchetta, ☎ 8265232, V-VI
P Schulze, ☎ 8265213, V
Pz Gaudenz, ☎ 8265050, III

Sils-Baselgia: PLZ: 7515; Vorwahl: 081
H Chesa Randolina, VI
H Sporthotel Grischa, ☎ 8265116, V-VI
Hg Sarita, ☎ 8265306, V-VI
P Chasté, ☎ 8265312, V-VI
Pz Oscar, ☎ 8265253, II
Pz Kuhn Adelina, ☎ 8265481, III-IV
Pz Kuhn Madlaina, ☎ 8265181, III
Pz Vincenz, ☎ 8266110, I

Platta: PLZ: 7514
P Chesa Pool, 7514 Fex-Platta, ☎ 8265504, VI

Crasta: PLZ: 7514
H Sonne, ☎ 8265373, V
P Crasta, 7514 Fex-Crasta, ☎ 8265392, V

Curtins: PLZ: 7514
H Fex, ☎ 8265355, VI

Silvaplana (CH)
PLZ: 7513; Vorwahl: 081
🛈 Touristinformation, ☎ 8386000
H Julier, ☎ 8289644, IV-VI
H La Staila, ☎ 8288147, IV-VI
H Sonne, Via Maistra, ☎ 8288152, III
H Chesa Surlej, ☎ 8288081, II-III
H Chesa Grusaida, ☎ 8288292, II-III
H Süsom Surlej, an d. Talstation Corvatsch, ☎ 8288212, II-V
H Bellavista, ☎ 8288185, III-VI

Hg Chesa Silva, ✆ 8386100
Pz Chesa Martis, ✆ 8288165, II
Pz Chesatta, ✆ 8289267, I
Pz Chesa Casanova, Julierstr., ✆ 8288417, II
Pz Chesa Mulin Vegl, nahe Campingplatz, ✆ 8288174, II
▲ Camping, ✆ 8288492

St. Moritz (CH)
PLZ: 7500; Vorwahl: 081
ℹ️ Kur- und Verkehrsverein, ✆ 8373333
H Europa, Via Somplaz 59, ✆ 8395555, V-VI
H La Margna, Via Serlas 5, ✆ 8366600, VI
H Monopol, Via Maistra 17, ✆ 8370404, VI
H Posthotel, ✆ 8322121, VI
H San Glan, Via San Glan 23, ✆ 8332041, VI
H Schweizerhof, Via dal Bagn 54, ✆ 8370707, VI
H Steffani, Via Traunter Plazzas 6, ✆ 8369396, VI
H Corvatsch, Via Tegiatscha 1, ✆ 8337475, VI
H Edelweiss, Via dal Bagn 12, ✆ 8365555, II
H Laudinella, Via Tegiatscha 17, ✆ 8360000, IV-V
H Nolda, Via Crasta 3, ✆ 8330575, V-VI
H Noldapark, Via Crasta 3, ✆ 8330575, VI
H Soldanella, Via Somplaz 17, ✆ 8333651, VI
H Steinbock, ✆ 8336035, VI
H Waldhaus am See, Via Dimleg 3, ✆ 8366300, VI
H Bellaval, Via Grevas 55, ✆ 8333245, V
H Randolins, Via Curtins 2, ✆ 8337755, VI
H Salastrains, Via Salastrains 12, ✆ 8333867, VI
H Casa Franco, Via Sela 11, ✆ 8330363, V-VI
H National, Via da l'Ova Cotschna 3, ✆ 8333274, V
H Sonne, Via Sela 11, ✆ 8330363, V-VI
H Chesa Spuondas, Via Somplaz 47, ✆ 8336588, VI

H Innfall, Via Dim Lej 1, ✆ 8366000, VI
H Stille, ✆ 8336948, IV-V
H Reine Victoria, ✆ 8334032, V-VI
H Veltlinerkeller, Via dal Bagn 11, ✆ 8334009, V-VI
H Meierei, Via Dim Lej 52, ✆ 8332060, VI
Hg Eden, Via Veglia 12, ✆ 8308100, VI
Hg Hauser, Via Traunter Plazzas 7, ✆ 8375050, VI
Hg Languard, Via Veglia 14, ✆ 8333137, VI
Hg Löffler, Via dal Bagn 6, ✆ 8336696, V-VI
🏠 Jugendherberge Stille, Via Surpunt 60, ✆ 8333969, II-III
▲ Camping TCS, Olympiaschanze, ✆ 8334090

St. Valentin (I)
PLZ: 39020; Vorwahl: 0473
ℹ️ Tourismusverein Vinschgauer Oberland, ✆ 634603 (St. Valentin) od. 633101 (Reschen)
H St. Valentin, Hauptstr. 35, ✆ 634626, II, hotel-st-valentin@rolmail.net 🙂
Gh Lamm, Hauptstr. 67, ✆ 634641, III, info@gasthof-lamm.it 🙂
P Fernblick, Landstr. 14, ✆ 634616, III, pension-fernblick@rolmail.net 🙂
P Mall, Hauptstr. 39, ✆ 634633, III, pension.mall@rolmail.net 🙂
H Traube, ✆ 634760, III
H Plagött, ✆ 634663, III
H Stocker, ✆ 634632, V
Gh Alpenrose, ✆ 634639, III
Gh Ortlerspitz, ✆ 634631, III
P Hofer, ✆ 634620, III
P Tirol, ✆ 634657, II
P Seestern, ✆ 634617, II-III

P Irene, ✆ 634637, II-III
P Monika, ✆ 634698, II
P Residence Harmonie, ✆ 634694
P Residence Ledi, ✆ 634650
P Talai, ✆ 634665, II
P Angelus, ✆ 634658, II
P Regina, ✆ 634601, II
Pz Haus Anna, ✆ 634607, II
Pz App. Erika, ✆ 634630
Pz Haus Köllemann, ✆ 634689, I

Staben (I)
PLZ: 39020; Vorwahl: 0473
P Quellenhof, Tablanderstr. 65/Via Tablá, ✆ 664039, III-IV
P Gluderer, Nr. 57, ✆ 664007, II
Pz Spornberger, Hauptstr. 4/Via Principale, ✆ 664024
Pz Haus Gluderer, Nr. 57, ✆ 664007, I-II
Gh Kochenmoos, Hauptstr. 3/Via Principale, ✆ 664106
Bh Halserhof, Nr. 68, ✆ 664037

Stein (A)
PLZ: 6542; Vorwahl: 05474
ℹ️ Tourismusverband Pfunds, ✆ 5229
Pz Haus Aschacher, Stein 412, ✆ 🐾

Stelvio (I)
PLZ: 39026; Vorwahl: 0473
ℹ️ Tourismusbüro, ✆ 616034
H Zentral, ✆ 616008, III-IV
H Post Hirsch, ✆ 616021, IV
Gh Stern, ✆ 616123, III
H Prad, ✆ 616006, III
Gh Neue Post, ✆ 616062, III
Gh St. Georg, ✆ 617057, II

Gh Schwarzer Adler, ✆ 616019, II
Gh Montana, ✆ 616216, II-III
P St. Johann, ✆ 616058, III
P Geranienheim, ✆ 616224, I-II
P Ortlerhof, ✆ 616168, I
P Bar Ortler, ✆ 616031, II
P Astoria, ✆ 616338, I
P Wiesenheim, ✆ 616189, II
Pz Haus Marlene, ✆ 616076, II
Pz Haus Tschenett, ✆ 616175, II
Pz Haus Pichler, ✆ 616279, II
Pz Tumler, ✆ 616395, I-II
Pz Gritsch, ✆ 616042, I-II
Pz Lutt, ✆ 616406, I
▲ Camping Kiefernhain, ✆ 616422
▲ Camping Sägemühle, ✆ 616078

Strada (CH)
ℹ️ Verkehrsverein Tschlin, 7560 Martina, ✆ 8663434
▲ Campingplatz Arina, ✆ 8663212

Sur-En (CH)
PLZ: 7554; Vorwahl: 081
ℹ️ Verkehrsverein Sent, ✆ 8641544
P Touristenhaus Lager Lischana, ✆ 8663419
Gh Val d'Uina, ✆ 8663137, V-VI

Susch (CH)
PLZ: 7542; Vorwahl: 081
ℹ️ Verkehrsverein, ✆ 860 02 40
H Steinbock, ✆ 8622868
H Rezia, ✆ 8622962
H Schweizerhof, ✆ 8622943
H Hüela, ✆ 8622972

Pz Besio, ✆ 8622837
Pz Moser, ✆ 8622862
Pz Rainalter-Giacomelli, ✆ 8622814
▲ Camping Muglinas, ✆ 8622744

Sulden (I)
PLZ: 39029; Vorwahl: 0473
P **Appartement Lisa**, Sulden 29, ✆ 613055, VI, pichler.toni@rolmail.net 😊

Tabland (I)
PLZ: 39020; Vorwahl: 0473
P Baumgarten, Nr. 59, ✆ 660604, II
P Gletscherblick, Nr. 15, ✆ 660514, II
P Weisses Kreuz, Nr. 22, ✆ 660529, II-III
P Haslhof, Nr. 46, ✆ 660540, I-II

Taufers (I)
PLZ: 39020; Vorwahl: 0473
H **Lamm**, St. Johannstr. 37, ✆ 832168, IV, info@hotel-lamm.com 😊

Tösens (A)
PLZ: 6541; Vorwahl: 05477
Gh Pension Inntalerhof, Tösens 70, ✆ 240, II-III
Gh Haus Christophorus, Steinbrücke 10, ✆ 287, I-II
Pz Gutweniger, Tösens 11, ✆ 283, II
Pz Pension Stefania, Tösens 39, II
Pz Haus Tyrol, Tösens 14, II

Tschars/Ciardes (I)
PLZ: 39020; Vorwahl: 0473
🛈 Tourismusbüro Kastelbell, ✆ 624193
H Sand, ✆ 624130, VI
Gh Winkler, ✆ 624134, II-III
H Himmelreich, ✆ 624109, III

P Pardell, ✆ 624018, II-III
P Martha, ✆ 624010, III
P Kreuz, ✆ 624107, II-III
Pz Haus Wielander, ✆ 624001, I

Tschirland/Cirlano (I)
PLZ: 39025; Vorwahl: 0473
🛈 Tourismusverein Naturns, Rathausstr. 1/Via Municipio, ✆ 666477
P Hochwart, Nr. 155, ✆ 666303, IV
Pz Haus beim Seppl, Nr. 106, ✆ 666147, I-II
Pz Haus Linter, Nr. 149, ✆ 667387, I-III
Pz Haus Schwarzlehen, Nr. 16, ✆ 667518, II
Pz Haus Wallburg, Nr. 153, ✆ 667482, I-II
Pz Haus Weithaler, Nr. 134, ✆ 667256, I-II
Bh Gaulbachhof, Nr. 10, ✆ 667491, I-II
Bh Niedermayerhof, Nr. 6, ✆ 667229, I-II
Bh Haus Unterwaalgut, Nr. 31, ✆ 667584
Bh Wegscheidhof, Nr. 25, ✆ 667356, I

Tschierv (CH)
PLZ: 7532; Vorwahl: 081
H **Staila/Sternen**, Hauptstraße, ✆ 8585551, V-VI, sternentschierv@bluewin.ch 😊
H **Süsom Givé**, Ofenpasshöhe 214, ✆ 8585182, V, ofenpass@gmx.ch 😊
▲ Camping Staila, ✆ 8585628

Valchava (CH)
PLZ: 7535; Vorwahl: 081
H **Central La Faneira**, ✆ 8585161, V-VI, info@centralvalchava.ch 😊

Vorderrauth (A)
PLZ: 6542; Vorwahl: 05474

🛈 Tourismusverband Pfunds, ✆ 5229
Pz Haus Kraft, Vorderrauth 20, ✆ 5300, II

Vulpera (CH)
PLZ: 7552; Vorwahl: 081
H **Robinson Club Schweizerhof**, ✆ 8611700, VI inkl. Vollpension, schweizerhof@robinson.de 😊

Zams (A)
PLZ: 6511; Vorwahl: 05442
🛈 Tourismusverband Tirol West - Infostelle Zams, Hauptpl. 6, ✆ 63395
Postgasthof Gemse, Hauptpl. 1, ✆ 62478, II-III
H-P Haueis, Tramsweg 4, ✆ 63001, II-IV
H Jägerhof, Hauptstr. 52, ✆ 62642, IV-V
Gh Kronburg, Kronburg 107, ✆ 62218, III-IV
Gh Schmid, Hauptstr. 71, ✆ 62619, II
Gh Thurner, Magdalenaweg 6, ✆ 63282, III-IV
P Jägerheim, Hauptstr. 107, ✆ 64420, I
P Ria, Am Sargen 1, ✆ 63809, II
P Landhaus Tschuggmall, Bruckfeldweg 18, ✆ 64544, II
P Haus Venet, Maurenweg 42, ✆ 67642, I

Zernez (CH)
PLZ: 7530; Vorwahl: 081
🛈 Kur- und Verkehrsverein, ✆ 856 13 00
H **Bettini**, Roeven 52, ✆ 8561135, V-VI, info@hotel-bettini.ch 😊
H **Crusch Alba**, ✆ 8561330, V-VI, info@cruschalba.com 😊
H **Filli**, Vi Roeven 61, ✆ 8515151, V, info@hotelfilli.ch 😊
H **Spöl**, ✆ 8561279, V-VI, info@hotel-spoel.ch 😊
H Bär-Post, ✆ 8515500, III-IV
H Adler, ✆ 8561213, III-IV

H Alpina, ✆ 8561233, IV
H Bahnhof, ✆ 8561126, IV
Hg Piz Terza, ✆ 8561414, III-IV
Hg Selva, ✆ 8561285, IV-V
Pz Chasa Rumantscha, ✆ 8561638, I-II
Pz Denoth Dumeng, Chasa Urtatsch, ✆ 8561517, I
Pz Eugster, Ers Curtins, ✆ 8561874, I-II
Pz Hummel, ✆ 8561874, I
Pz Jenal, Röven, ✆ 8561265, I
Pz Minsch-Jäger, ✆ 8561139, I-II
Pz Chasa Veglia, Runatsch, ✆ 8561351 od. 2844868, III-IV
Pz Quadroni, Chasa Plaz, ✆ 8561735, III-V
Pz Tschander-Cuorad, Mugliné, ✆ 8561276 od. 8561502, I-II
▲ Camping Cul, ✆ 8561462

Zuoz (CH)
PLZ: 7524; Vorwahl:081
🛈 Tourismusinformation, ✆ 8541510
H **Wolf**, ✆ 8542601, V, hotel.wolf@bluewin.ch 😊
H Posthotel Engiadina, ✆ 8541021, V-VI
H Alpenschloss-Hotel Castell, ✆ 8540101, IV-VI
H Bellaval, ✆ 8541481, IV-V
H Belvair, ✆ 8542023, V-VI
H Crusch Alva, ✆ 8541319, IV-VI
H Klarer, ✆ 8541321, V
H Sporthotel Wolf, ✆ 8541717, V
H Steinbock, ✆ 8541373, IV-VI

Ortsindex

Einträge in *grüner Schrift* beziehen sich aufs Übernachtungsverzeichnis.

A
Agumes	*110*
Agums	*110*
Algund	*110*
Alvaneu	88, *110*
Alvaneu Bad	88
Al Ponte	29
Ardez	54, 72, *110*

B
Bergün	90, *110*
Berninapass	100
Bever	*110*
Birkach	*110*
Bos-cha	54, 72
Brail	*110*
Bruck	29
Burgeis	24, *110*
Burgusio	24, *110*

C
Castelbello	32, *112*
Celerina	46, *111*
Cengles	29
Champfèr	*111*
Chamues-ch	80, 94
Ciardes	32, *119*
Cinuos-chel	*111*
Cirlano	*119*
Clusio	26, *117*
Coldrano	*111*
Colsano	*112*
Covelano	29
Crasta	*117*
Curon	22, 78
Curtins	*117*

D
Davos	84, *111*
Dorf	*115*
Dörfl	24, 78

E
Entbruck	18
Entenbruck	58
Eyrs	*111*

F
Filisur	88, *111*
Fließ	*111*
Forcola di Livigno	100
Ftan	54, 72, *111*
Fuldera	68, 109, *111*

G
Galsaun	*112*
Glaris	86
Glorenza	28, 66, 106, 109, *111*
Glurns	28, 66, 106, *111*
Göflan	29
Goldrain	*111*
Gomagoi	104
Graun	22, 64, 78, *111*
Guarda	52, 72, *112*

K
Kastelbell	32, *112*

L
Laas	29, *112*
Laatsch	*112*
Laces	30, *112*
Lafairs	*112*
Lagundo	*112*
Landeck	15, 60, *112*
Lasa	29, *112*
Latsch	30, *112*
Laudes	*112*
Lavin	52, 70, *112*
La Punt	80, 94
La Punt-Chamues	48, 102
La Punt Chamues-ch	*112*
Livigno	98

M
Madulain	*113*
Malles	26, 78, *113*
Maloja	40, *113*
Mals	26, 78, *113*
Martina	20, 56, 76, *113*
Meran	34, *113*
Merano	34
Monstein	86
Monteplair	24, 78
Morter	30, *113*
Muestair	*114*
Müstair	66, 106, 109

N
Naturno	32, *114*
Naturns	32, *114*
Nauders	20, 61, 76, *114*

O
Ofenpass	68, 109
Ores	*111*

P
Parcines	34
Partschins	34
Perjen	*112*
Pfunds	20, 56, *115*
Plars	34
Platta	*117*
Plaus	34, *115*
Pontresina	102
Prad	29, 104, *116*
Prato	29, 104
Prato allo Stelvio	*116*
Preda	90, *116*
Prutz	18, 58, *116*

R
Rabla	34
Rabland	34
Ramosch	*116*
Reschen	22, 62, 78, *116*
Ried	18, 58, *116*

S
S-chanf	48, 82, 96, *116*
Samedan	46, 102, *116*
Santa Maria	104, 106, *116*
San Niclà	56, 76, *116*
Schlanders	30, *117*
Schleis	26, *117*
Schluderns	28, 104, *117*
Schmitten	88
Scuol	54, 72, *117*
Segl-Maria	*117*
Silandro	30, *117*
Sils	40, *117*
Sils-Baselgia	*117*
Silvaplana	42, *117*
Sluderno	28, 104, *117*
St. Moritz	42, *118*
St. Valentin	24, 62, 78, *118*
Sta. Maria	66, 109
Stein	*118*
Stelvio	*118*
Stilfs	104
Stilfser Joch	104
Strada	*118*
Stuben	*115*
Sur-En	*118*
Sur En	56, 76
Susch	50, 70, 84, *118*
Süsom Givé	68, 109

T
Tabland	*119*
Taufers	106
Tel	34
Töll	34
Tösens	18, 58, *119*
Trafoi	104
Tschars	32, *119*
Tschengls	29
Tschierv	68, 109, *119*
Tschirland	*119*

U
Umbrail Pass	104
Urgen	18, 60, *111*

V
Valchava	*119*
Vorderrauth	*119*

W
Wiesen	88

Z
Zams	*119*
Zernez	50, 68, 82, 98, 109, *119*
Zuoz	48, 80, 94, *119*